Elizabeth Heike

Trauern
braucht seine Zeit

Aussaat Verlag
Neukirchen-Vluyn

ABCteam

ABCteam-Bücher erscheinen in folgenden Verlagen:
Aussaat- und Schriftenmissions-Verlag Neukirchen-Vluyn
R. Brockhaus Verlag Wuppertal
Brunnen Verlag Gießen
Christliches Verlagshaus Stuttgart
Oncken Verlag Wuppertal

Titel der englischen Originalausgabe:
A Question of Grief
© Elizabeth Heike, 1985
Alle Rechte vorbehalten.
Erschienen bei Hodder & Stoughton,
47, Bedford Square, London WC1B 3DP, England.

Aus dem Englischen von Antje Balters

© 1987 Aussaat- und Schriftenmissions-Verlag GmbH,
Neukirchen-Vluyn
Titelgestaltung: Meussen/Künert, Essen
Satz: Typo Schröder, Dernbach
Druck: BV-Druck, Witten
Printed in Germany
ISBN 3-7615-2393-9

Inhalt

Einleitung

Irgendwann im Leben muß jeder die Erfahrung des Schmerzes über den Verlust eines geliebten Menschen machen, es sei denn, er entscheidet sich frühzeitig, als Einsiedler zu leben.

Wohl auch jeder ist irgendwann einmal mit einem Menschen in seiner Umgebung konfrontiert, der die Wirren und die Härten des Alltags nach einem solchen schmerzlichen Verlust durchlebt.

In den letzten paar Jahren ist die Mauer des Schweigens, von der das Thema Tod umgeben war, zumindest teilweise abgetragen worden.

Ähnliches ist mit der Erfahrung des Verlustes geschehen – sie wird nicht mehr verschwiegen, und es gibt ein neues Bewußtsein dafür, wie wichtig das Trauern ist.

Aber trotz dieser Entwicklung gilt: wenn der Tod uns in den Schmerz stürzt, sind die meisten von uns nicht darauf vorbereitet, wie tief und vielschichtig diese Erfahrung ist. Und alles ist noch erschwert, weil wir meistens keinen Menschen finden, der versteht, daß dieser Prozeß eine natürliche Reaktion auf einen Verlust ist. Es gibt zahlreiche Bücher über das Trauern, sowohl für Trauernde als auch für Menschen, die Trauernden beistehen möchten – sei es aus beruflichen Gründen, aufgrund persönlicher Betroffenheit oder im Dienst für die Gemeinde. Noch mehr Bücher gibt es, in denen in Form von Biographien die Erfahrungen von Trauernden dargestellt sind.

Das vorliegende Buch hat ein doppeltes Anliegen. Erstens, und das ist das Wichtigste, soll es denen helfen, die den Verlust eines geliebten Menschen erleben. Und zweitens soll es ein Leitfaden sein für Menschen, die mit Trauernden zu tun haben, besonders in Verbindung mit der christlichen Gemeinschaft, also in der Gemeinde. Ich habe meine eigene Erfahrung eines solchen Verlustes als Ausgangspunkt genommen und als Hintergrund, auf dem ich die verschiedenen Aspekte des Trauerprozesses beleuchte.

Diese Gedanken sind Gedanken einer Christin, aber mir ist ganz klar, daß manche Aspekte, die ich betrachte, für viele Christen unverständlich, wenn nicht sogar alarmierend sein werden. Ich möchte dazu beitragen, daß Trauer kein Tabu mehr ist.

Auch ich selbst war bisweilen erschrocken und alarmiert über das, was ich während des Trauerprozesses erlebte, aber mir wurde geholfen, so daß ich meine Erfahrungen des Trauerns mit den Aussagen der Bibel darüber in Einklang bringen konnte. Ich wurde mit dem Phänomen der Trauer um den Verlust eines Menschen konfrontiert, als im März 1980 eine enge Freundin von mir starb. Für mich war es ein furchtbarer Verlust, aber vielen Menschen in meiner Umgebung schien die Heftigkeit und Dauer meiner Trauer unangemessen. Es hatte den Anschein, als dürfe man um eine Freundin nicht so sehr trauern, wie um einen Verwandten. Inzwischen weiß ich, daß das falsch ist, und deshalb soll dieses Buch all denen gewidmet sein, die trauern. Denn obwohl Trauern bei jedem Menschen anders und einzigartig ist, gibt es doch auch grundsätzliche Ähnlichkeiten, die sich mit den individuellen Merkmalen vermischen.

Der Verlust eines Menschen, ja eigentlich jegliche Art von Verlust, gibt uns die Chance, bestimmte Gegebenheiten unseres Lebens bewußt wahrzunehmen, die uns sonst nie so klargeworden wären. Diese Chance kann auch durchaus beinhalten, daß wir mit den düsteren Seiten unserer Persönlichkeit konfrontiert werden, die wir eigentlich gar nicht so gerne wahrhaben wollen. Wir werden uns nicht nur der allgemein akzeptierten und verständlichen Begleiterscheinungen wie Trauer, Depression, Verzweiflung und Einsamkeit bewußt, sondern auch der weniger akzeptierten wie Zorn, Ablehnung, Schuldgefühle und Verbitterung.

Entscheidend ist, daß Trauer zu einer Reise werden kann, die uns bereichert und unsere schöpferischen Kräfte freisetzt. Es ist möglich, daß wir nicht nur mehr unserer eigenen Fähigkeiten entdekken, sondern auch mehr von Gott und seiner Macht erfahren – beides sowohl durch eigenes Erleben, als auch mit Hilfe anderer Menschen.

Trauer ist immer auch Suche, aber sie führt nicht über Nacht zum Erfolg. Sie erfordert Zeit, Geduld und Mut. Es ist eine Suche, die man möglichst mit der Unterstützung von Menschen beginnen sollte, von denen man Liebe, Einfühlungsvermögen und Unterstützung erwarten kann.

Ich persönlich bin davon überzeugt, daß für einen trauernden Menschen, der Unterstützung und Hilfe in einer christlichen Gemeinde findet, seine Trauer nicht nur erträglich wird, sondern daß er sie auch positiver verarbeiten kann.

In der Gemeinde sollte der trauernde Christ alles finden, was nötig ist, um aus den Trümmern seines Lebens etwas Neues aufbauen zu können. Aber leider erfahren Menschen, die von einem schweren Verlust betroffen sind, oft genau das Gegenteil, besonders in den Trabantenstädten der Großstädte und den riesigen Vorstadtsiedlungen, die sich immer weiter ausbreiten. Dieses Buch soll kein Lehrbuch nach der „Do-it-Yourself-Methode" sein. Ich schreibe nicht als Expertin in Sachen Trauer und Verlust, sondern als jemand, der einen Verlust und die damit einhergehende Trauer selbst erlebt hat. Das Buch ist persönlicher geworden als ich eigentlich wollte, weil mir klargeworden ist, daß ich erst einmal die Vielschichtigkeit von Trauer vermitteln und weitergeben muß, wenn ich Hoffnung und Licht in die Dunkelheit von trauernden Menschen bringen will. Außerdem habe ich versucht, praktisch zu schreiben, nicht nur für diejenigen, die Trauernden helfen wollen, sondern auch besonders für die Trauernden selbst, damit sie sich besser selbst helfen können.

Vielleicht ist es ein wenig überraschend und ungewöhnlich, in einem Buch, das nicht als Lehrbuch gedacht ist, Anmerkungen zu finden. Die eingebrachten Verweise und Zitate waren für mich eine Quelle der Hilfe und der Heilung, und ich habe sie in das Buch aufgenommen in der Hoffnung, daß sie auch anderen auf ihrem Weg eine Hilfe sein mögen.

Wohl die entscheidendste Frage eines Menschen, der den Verlust eines geliebten Menschen erlitten hat, ist: „Werde ich wohl je darüber hinwegkommen?" Ich bete darum, daß dieses Buch Trost und Hoffnung vermittelt, denn ich habe es geschrieben als jemand, der auch diese Frage gestellt hat und nun auf der anderen Seite des Tals der Trauer steht.

„Was kann ich denn tun?" fragen oft Menschen, die Trauernden helfen möchten. Ich hoffe, dieses Buch wird Wegweisung und Ermutigung sein für diejenigen, die mit Trauernden zu tun haben. Ich bete, daß das Buch als dringender Appell an die Kirchen und Gemeinden aufgefaßt wird, an die hauptamtlichen Seelsorger und alle Gemeindemitglieder, sich mit der Problematik zu befassen und sich um die zu kümmern, die unter dem Schmerz über einen Verlust leiden, damit sie Heilung erfahren, und – was noch wichtiger ist, damit sie Gott, die Quelle allen Trostes, erfahren.

Teil I
Die Vorgeschichte zur Trauer

1
Erste Begegnung

Unser erstes Zusammentreffen war durchaus gewöhnlich, und nichts deutete darauf hin, daß diese Begegnung schließlich mein ganzes Leben umkrempeln sollte.

Wir saßen zusammen bei einer gemeinsamen Sitzung der verschiedenen Abteilungen. Madeleine war eine neue Mitarbeiterin im Sozialamt des Londoner Stadtbezirkes, in dem ich schon seit drei Jahren arbeitete. Alles, woran ich mich noch erinnern kann, war die Art und Weise, auf die Madeleine sich selbst vorstellte: „Meine Freunde nennen mich Mads." Weil ich unter einer Gehörschwäche litt, hörte ich das „s" am Ende des Wortes nicht und war die ersten Minuten der Sitzung ziemlich verwirrt: Warum fühlte sich ein Mensch, den ich noch nie vorher getroffen hatte, wohl bemüßigt, uns allen mitzuteilen, daß seine Freunde ihn für verrückt hielten? [1]

Auf jeden Fall sah sie keineswegs verrückt aus. Groß und schlank, mit glattem, glänzendem schwarzen Haar, sehr braunen Augen und einem herzlichen Lächeln, das vielleicht besser noch als Grinsen beschrieben wäre. Madeleine hatte vor kurzem ihre Ausbildung als Rehabilitationsspezialistin für Blinde abgeschlossen, und ich war von unserem Team für die Versorgung der Blinden des Bezirkes zuständig. Madeleines Aufgabe war unter anderem, den Blinden den Umgang mit dem langen, weißen Stock zu zeigen, durch dessen Gebrauch sie unabhängiger werden konnten.

Meine nächste Begegnung mit ihr war bei einem Treffen, bei dem sie den Mitarbeitern den Zweck und die Vorteile des langen, weißen Stockes darzulegen versuchte. Madeleine war begeistert bei der Sache, und obwohl die meisten meiner Kollegen allem Neuen gegenüber eher skeptisch waren, und das auch zum Ausdruck brachten, war Madeleines Fähigkeit der Verständigung wirklich beeindruckend.

Vielleicht weil ich jünger war als die meisten Kollegen, und weil meine Ausbildung noch nicht sehr lange zurücklag, war ich neuen Ideen gegenüber aufgeschlossener. Madeleines spezielle Technik schien einen Versuch wert, und so machten wir während der folgenden Wochen einige gemeinsame Hausbesuche. Ich war gerne mit ihr zusammen und stellte bald fest, daß sie nicht nur viel von dem verstand, was sie tat, sondern daß sie am Leben und den Schwierigkeiten der einzelnen Klienten wirklich von Herzen Anteil nahm.

Zwischen uns entwickelte sich schnell ein gutes berufliches Miteinander, und dabei wäre es wohl auch geblieben, wenn mir nicht eine überraschende Information über sie zu Ohren gekommen wäre.

Als ich eines Tages ins Büro kam, sprachen meine Kollegen gerade über „Fräulein Fisher". Madeleine war mit ihnen zusammen Mittagessen gegangen, und man hatte beobachtet, wie sie vor dem Essen ein stilles Gebet gesprochen hatte. Als sie daraufhin angesprochen worden war, hatte sie ganz offen und ohne Verlegenheit über „den Herrn" gesprochen – dies wurde nun mit dem Ausdruck ziemlicher Erheiterung weitererzählt.

Ich fühlte mich unbehaglich und war gleichzeitig fasziniert. Ich war seit ein paar Jahren Christ und in meiner Kirchengemeinde ziemlich aktiv; aber meine tatsächliche persönliche Beziehung zu Gott war zu dem Zeitpunkt ziemlich ausgehöhlt und wenig verbindlich. Madeleines eindeutige Stellungnahme vertrieb meine Lethargie und forderte mich heraus, meine passive Haltung aufzugeben. Ich hatte aber auch in den gesamten sieben Jahren meiner Tätigkeit als Sozialarbeiterin nur eine Christin getroffen – eine Sekretärin in dem Büro, wo ich vorher gearbeitet hatte.

Ein paar Tage später, als wir auf dem Weg zu einem Klienten waren, stellte ich eine, wie ich glaubte, nebensächlich klingende Frage: „Bist du vielleicht Christin?" Ihre Begeisterung für die „Stock-Technik" der Blinden verblaßte im Vergleich zu ihrer Freude, als sie entdeckte, daß unter ihren Kollegen noch eine Christin war.

Madeleine hatte eine sehr anziehende Persönlichkeit: Sie war umsichtig, freundlich, schnell, und alles an ihr war echt. Kinder liebten sie, weil man mit ihr fast immer Spaß hatte. Sie hatte kein leichtes Leben gehabt, aber sie hatte sich ihren Humor bewahrt. Sie konnte aber auch sehr aufbrausend sein, und man sagte ihr nach, sie habe bei mindestens einer Gelegenheit jemandem eine Tasse Tee über dem Kopf ausgeleert.

Ihre Mutter war gestorben, als sie neun Jahre alt war. Mads wußte von dieser Zeit nur, daß ihre Mutter viel im Bett gelegen hatte, und daß sie immer den Eindruck gehabt habe, irgendetwas stimme da nicht. Erst während der letzten Monate ihrer eigenen tödlichen Krankheit erkannte sie die Hintergründe dieses Kindheitstraumas: „Mir ist jetzt klar, daß meine Mutter wußte, sie würde sterben, und daß sie es mir leichter machen wollte, indem sie mich von sich wegschubste."

Ganz in ihrem eigenen Schmerz gefangen, hatten ihr Vater und ihre ältere Schwester es versäumt, Mads und ihrer jüngeren Schwester mitzuteilen und verständlich zu erklären, daß ihre Mutter gestorben sei. Dadurch war eine unbeantwortete Frage in ihrem Leben zurückgeblieben und eine tiefe Traurigkeit, die nur die wenigsten Menschen hinter ihrer heiteren Erscheinung vermutet hätten.

Ihre ältere Schwester hatte kurz nach dem Tod der Mutter geheiratet, und auch der Vater hatte wieder geheiratet. Inzwischen arbeitete Mads als Sekretärin und war mit all den Dingen ausgefüllt, die Teenager normalerweise tun: tanzen, mit Freunden zusammensein und Spaß am Leben haben. Aber die Stiefmutter und sie kamen nicht miteinander zurecht; die Situation spitzte sich immer mehr zu, und Mads mußte ihr Zuhause verlassen. Sie beschloß, ihr Unglück zu vergessen und ein neues Leben zu beginnen, indem sie all ihre Ersparnisse in ein Hinflugticket nach Kanada investierte.

Ihre Fotos – sie war eine exzellente Fotografin – beweisen, daß sie das Beste aus den Jahren dort machte. Sie schloß schnell Freundschaft mit Menschen, und durch die neuen Freunde entdeckte sie ihre Liebe zum Campen, Wandern und Pflanzensammeln. Aber obwohl sie das Leben in Kanada mochte und genoß, zog es sie nach ein paar Jahren unwiderstehlich zurück nach England. Sie hoffte, daß sie und ihre Stiefmutter jetzt vielleicht in der Lage wären, eine bessere Beziehung aufzubauen. Aber, was zu erwarten gewesen war, die Verhältnisse änderten sich nicht. Diesmal jedoch konnte Mads nicht mehr vor ihrem inneren Elend weglaufen und erlitt einen Zusammenbruch.

Nach kurzer stationärer Behandlung und einer Zeit der Erholung bei ihrer jüngeren Schwester, die inzwischen auch verheiratet war, ging es ihr so gut, daß sie arbeiten konnte. Sie fand eine Stelle in einem Blindenheim in Lymington am Rande vom New Forest. Eine wichtige Begegnung sollte ihr Leben entscheidend verändern.

Eine christliche Familie in Lymington nahm Mads unter ihre Fittiche, und ihr Haus wurde Mads' zweite Heimat. Ralph und Bertha Leech waren gerade aus Ostafrika zurückgekehrt, wo sie als Missionare gearbeitet hatten. Ralph hatte sich jetzt als praktischer Arzt niedergelassen.

Ihre Tochter Mary hatte eines Tages an Mads' Wohnungstür geklopft und sie zu sich nach Hause eingeladen. In dieser liebevollen Familie fand Mads eine Form von Christsein, wie sie sie vorher noch nicht erlebt hatte: warm, echt und verbindlich.

Sie war erst vor kurzem Christ geworden durch den Einfluß einiger ihrer kanadischen Freunde, und jetzt wünschte sie sich sehnlichst Gemeinschaft und jemanden, der ihr weiterhelfen konnte. „Es war einfach toll, wie begierig sie auf christliche Unterweisung war", sagte Bertha Leech einmal nach Mads' Tod.

Die Trümmer und Bruchstücke von Madeleines Leben fügten sich langsam zu einem zusammenhängenden Bild aneinander. Sie hatte Gott gefunden, und sie hatte ihre Liebe zu blinden Menschen entdeckt. Sie machte eine Ausbildung als Sozialarbeiterin mit dem Schwerpunkt Blindenarbeit und beschloß, nachdem sie in Hampshire eine Stelle gefunden hatte, eine Zusatzausbildung in Mobilitätstraining für Blinde zu machen. Als sie damit fertig war, bewarb sie sich um die Stelle in Bromley, wo sich schließlich unsere Wege gekreuzt hatten. Mads' lebendiges Christsein, das uns zusammengebracht hatte, war paradoxerweise auch Ursache für unsere zeitweilige Trennung. Mein Leben sollte eine ganz neue Richtung bekommen.

2
Kurswechsel

Mads war buchstäblich eines der Glieder in der Kette, die mich im Herbst 1970, ein Jahr nach unserer ersten Begegnung, zum London Bible College brachte. Ihr eindeutiges christliches Zeugnis hatte mich unabsichtlich dazu gebracht, mein eigenes Leben als Christ zu überprüfen. Ich habe ihr das, glaube ich, nie gesagt! Mit der Zeit spornte mich ihre Begeisterung an, meine persönliche Beziehung zu Gott zu vertiefen, was dazu führte, daß ich meine Stelle als Sozialarbeiterin aufgab.

Meine letzten Schuljahre waren von dem Wunsch geprägt gewesen, einmal als Religionslehrerin zu arbeiten. Deshalb war es ein besonders harter und unerwarteter Schlag für mich gewesen, daß ich für die Ausbildung aus gesundheitlichen Gründen nicht in Frage kam.

Vielleicht hätte mich das nicht weiter wundern dürfen. Denn schon bei einer Schuluntersuchung war mir geraten worden, mich in der Klasse ganz nach vorne zu setzen, weil ich einen geringfügigen Gehörschaden hätte. Trotz dieser Empfehlung blieb ich lieber in meiner letzten Bank, und ich kam dort auch gut zurecht.

Ich war eine ziemlich durchschnittliche Schülerin; keineswegs hervorragend, aber ich kam gut mit. Meine einzige hervorragende Leistung brachte ich in der Cricketmannschaft.

Als ich zehn war, hatte eine Freundin mich zur Sonntagsschule mitgenommen, und dorthin ging ich von da an immer. Ich nahm an allen Veranstaltungen der örtlichen Baptistengemeinde teil, die mir offenstanden, wurde mit vierzehn getauft und im zarten Alter von siebzehn Jahren übernahm ich die Verantwortung für den Kindergottesdienst.

Neben der Tatsache, daß es mir wirklich Spaß machte, war der Kindergottesdienst natürlich auch eine hervorragende Gelegenheit, mich auf das Unterrichten vorzubereiten.

Eine ganze Woche, nachdem ich die Nachricht bekommen hatte, daß ich die Ausbildung als Religionspädagogin nicht machen könne, glich meine Welt einem Scherbenhaufen. Jeder – Lehrer, Freunde, meine Eltern – war völlig überrascht. Obwohl ich anscheinend während meiner Schulzeit gut zurechtgekommen war, wurde mir jetzt ganz unmißverständlich und unverblümt mitgeteilt, daß bei einer so schwerwiegenden Hörbehinderung wie meiner eine Beschäftigung als Lehrerin völlig ausgeschlossen sei. Auf einmal spielten meine Schulleistungen absolut keine Rolle mehr.

Die zufällige Begegnung meines Vaters mit einem Kollegen brachte neue Hoffnung: ein örtliches Sozialamt wollte als Modellversuch damit beginnen, junge Leute in der Praxis zu Sozialarbeitern auszubilden. Ich hatte ein Vorstellungsgespräch und wurde angenommen, und mir gefiel die Arbeit sehr. Ich hatte mich dafür entschieden, mich auf die Arbeit mit Blinden und Sehbehinderten zu spezialisieren. Unter anderem, weil sich dadurch die Möglichkeit bot, Brailleschrift zu unterrichten und einmal wöchentlich traditionelles Blindenhandwerk wie Korbflechten und das Herstellen von Stuhlsitzen aus Rohr zu lernen. Ein Großteil meiner Zeit verbrachte ich mit Hausbesuchen bei Klienten, eine Herausforderung, die mir gefiel.

Wir hatten die Ausbildung zu dritt angefangen, und im Jahr davor hatten ebenfalls drei junge Leute begonnen. Deshalb hatten wir neben dem Lernen und der Arbeit auch eine Menge Spaß, und unsere gemeinsamen Kaffeepausen waren meistens gefüllt mit dem Erzählen von Anekdoten aus der Arbeit.

Nach ein paar Jahren, in denen ich Gelegenheit hatte, Erfahrungen zu sammeln, begann ich erst wirklich zu bemerken, wieviel tiefe Not und Einsamkeit bei den meisten meiner Klienten herrschte. Konnte sich die Kirche nicht wenigstens um einige ihrer Bedürfnisse kümmern?

Ich hatte oft den Eindruck, daß die Menschen viel eher einen guten Nachbarn als einen qualifizierten Sozialarbeiter gebraucht hätten. Ob es nicht eine Möglichkeit gab, meine Erfahrungen als Sozialarbeiterin mit meiner Mitarbeit in der Gemeinde zu verbinden? Der Pfarrer meiner Gemeinde hatte ähnliche Vorstellungen, und so begannen wir, Gott um Weisung zu bitten.

Etwa zur gleichen Zeit wurde mir zunehmend klar, daß jetzt meine Schwerhörigkeit wirklich zum Problem wurde. Ich vermied es, das Telefon zu benutzen und fuhr lange Strecken zu Klienten, um etwas zu regeln oder zu besprechen, wozu ein kurzer Anruf genügt hätte. Schließlich kaufte ich mir eine unauffällige Hörhilfe, die zwar oft hilfreich war, aber wenig Wert hatte bei den Schwierigkeiten, die ich in Diskussionen oder bei Gebetsgemeinschaften hatte. Außerdem empfand ich ein inneres Schuldgefühl wegen meiner verborgenen Behinderung und das Gefühl von Bestürzung: Ich glaubte, der einzige Mensch unter 60 zu sein, der nicht richtig hören konnte.

Es gab diese schrecklichen Augenblicke, wenn ich während der Jugendstunden auf dem Klavier eine völlig falsche Begleitung zu einem Lied spielte, oder nicht mitbekam, worum es in einer Diskussion ging. Meistens schummelte ich mich durch meine offene Art so durch, daß niemand etwas von meinen Schwierigkeiten merkte. Und was das Klavierspielen betraf, so hatten wir einen hervorragenden Pianisten, der normalerweise diese Aufgabe erfüllte.

Wie das Leben so spielt, „ging ich fast drei Jahre mit ihm", und als ich die Beziehung beendete, war er so verletzt, daß er sich wochenlang weigerte, in der Gemeinde das Klavierspielen zu übernehmen. Er hatte keine Ahnung, daß ich schwerhörig war, und daß er sich keine bessere Strafe für mich hätte ausdenken können. Ich mußte ihm meine mißliche Situation haarklein erklären, bevor er wieder bereit war, „in die Tasten zu hauen", wie unser Pfarrer es zu nennen pflegte.

Trotz all dieser Widrigkeiten hatte ich keinen Zweifel daran, daß Gott mich am London Bible College haben wollte. Diese Überzeugung hatte sich während des vergangenen Jahres gefestigt, und zwar nach einem Gespräch mit dem Gründer einer Organisation für hörbehinderte Christen, der mir die Möglichkeit aufgezeigt hatte, in diesem Bereich zu arbeiten. „Dafür solltest du aber als erstes eine Bibelschulausbildung machen", hatte er gesagt, worüber ich nicht gerade erbaut gewesen war, denn mir machte meine Arbeit als Sozialarbeiterin Spaß, und der Gedanke, wieder zur Schule zu gehen, behagte mir ganz und gar nicht. Deshalb schob ich die Gedanken daran beiseite – zumindest versuchte ich das – aber sie wollten einfach nicht verschwinden. Nachdem ich ein Wochenende zusammen mit Freunden verbracht hatte, begann ich intensiv zu beten: „Herr, wenn du wirklich willst, daß ich mich bei der Bibelschule bewerbe, dann mußt du mir das so deutlich zeigen, daß ich wirklich keinen Zweifel mehr daran habe."

Bis heute ist mir schleierhaft, wie der Werbeprospekt für das London Bible College, den ich am nächsten Morgen im Briefkasten fand, dort hingelangt war, aber die Worte „Was ist als nächstes dran?", die mir entgegensprangen, beseitigten jeden Zweifel daran, daß ich mich bewerben sollte. Mein Gemeindepfarrer bereitete mich darauf vor, daß ich wohl mit mindestens ein bis zwei Jahren Wartezeit rechnen müsse, bevor ich einen Platz an der Schule bekäme, und der Schulleiter Gilbert Kirby sorgte in dem Vorstellungsgespräch dafür, daß ich mich mit 25 Jahren wie eine ältere Dame fühlte.

„Viele unserer Schüler sind wesentlich jünger als Sie", erklärte er, „glauben Sie, daß Sie damit umgehen können?" Ich hatte das Gefühl, diese Worte waren ein sanfter Hinweis darauf, daß man mich wohl nicht annehmen würde. Und so war ich um so erstaunter, als ich am selben Nachmittag noch zu einem Gespräch vor eine Tutorengruppe gebeten wurde, das mit den Worten eingeleitet wurde: „Der Schulleiter sagt, Sie können anfangen."

Ich brauchte die gesamten vier Monate bis zum Schulanfang, um meinen Klienten meinen Wechsel zu erklären – und was Erklärungen den Kollegen gegenüber betraf, so waren diese ziemlich einhellig der Überzeugung, ich solle mich in psychiatrische Behandlung begeben. Aber im großen und ganzen wich meine Traurigkeit doch der Spannung auf das, was vor mir lag, nachdem ich erst einmal meine Zelte abgebrochen hatte.

Meine vier Jahre am London Bible College waren sowohl ein Vergnügen als auch ein Alptraum. Ich genoß es, wieder zur Schule zu gehen. Ich fand es wunderbar, endlich einmal Zeit zur Beantwortung all der Fragen zu haben, die sich während der vergangenen Jahre in mir aufgestaut hatten, und ich genoß auch die Entlastung von meiner Verantwortung als Sozialarbeiterin, nachdem ich mich erst einmal daran gewöhnt hatte.

Ich beteiligte mich an albernen Streichen wie alle anderen, aber die Beteiligung an solchen Aktivitäten war zweifellos nichts als eine Art Sicherheitsventil, denn innerlich litt ich meine ganz privaten Höllenqualen.

Mads und ich hätten uns während meiner Bibelschulzeit leicht aus den Augen verlieren können. Ich kann mich nicht ganz genau an Einzelheiten erinnern, aber ich glaube, es war eher ihren Bemühungen zu verdanken, daß wir dennoch miteinander Kontakt hielten. Sie war eine Art „Gebetsverbindung" zu meiner Gemeinde, in der sie jetzt auch Mitglied war. Außerdem war ich während des ersten Schuljahres an den Wochenenden oft zu Hause, und dann machten wir an sonnigen Tagen manchmal gemeinsame Spaziergänge.

An eines dieser Wochenenden kann ich mich besonders gut erinnern: Mads hatte herausgefunden, daß ich Gitarre spielte, und in einem Anfall der für sie so typischen begeisterten Spontaneität überredete sie mich dazu, mit ihr zusammen eine gebrauchte Gitarre zu kaufen und ihr das Wenige, was ich konnte, beizubringen. Sie hatte Musik im Blut – so überflügelte die Schülerin ziemlich schnell die Lehrerin, und Musik wurde eine ihrer Lieblingsbeschäftigungen.

Es war 1972, also ungefähr drei Jahre nach unserer ersten Begegnung, als sie mir schrieb, daß sie einen Knoten in ihrer Brust entdeckt habe und sofort ins Krankenhaus müsse. Noch heute kann ich nicht begreifen, wieso ich damals, obwohl ich Mitte Zwanzig war, anscheinend keinen blassen Schimmer davon hatte, was diese Mitteilung bedeuten könnte.

Ich stand vor wichtigen Prüfungen, und obwohl jemand vorschlug, ich könne Mads doch im Krankenhaus besuchen, tat ich es nicht. Krankenhäuser und Operationen waren Dinge, die mich erschreckten, und darüber hinaus war ich mir auch nicht einmal so sicher, ob Mads mich überhaupt würde sehen wollen, wenn es ihr nicht gut ging. Jedenfalls würde die Operation das ganze Problem sicherlich ein für allemal aus der Welt schaffen.

Als ich sie das nächste Mal sah, war sie gerade ein paar Tage vorher aus dem Krankenhaus entlassen worden. Sie erzählte mir, daß sie, bevor sie ins Krankenhaus gegangen war, in der Gemeinde darum gebeten hatte, man möge für ihre Heilung beten. Zwar sei eine Brustamputation nötig gewesen, aber sie sei sicher, daß Gott sie geheilt habe und der Krebs sich nicht ausbreiten werde. Als drei Jahre später ein weiterer Knoten entdeckt wurde, erwies er sich nach einem geringfügigen operativen Eingriff als gutartig.

Irgendwann in diesen drei Jahren zwischen ihrer ersten und zweiten Operation geschah mit unserer Freundschaft etwas, das sie zu etwas ganz Besonderem machte. Es ist unmöglich zu bestimmen, wann genau das geschah; wir waren eigentlich von Anfang an gerne zusammen gewesen und hatten ähnliche Interessen, obwohl wir vom Wesen her grundverschieden waren. C. S. Lewis sagt, „ein Zeremonienmeister" sei da am Werk, und obwohl wir uns unsere Freunde natürlich selbst wählen könnten, sagt Christus zu den Jüngern: „Nicht ihr habt mich, sondern ich habe euch erwählt", genauso wie er zu christlichen Freunden sagen kann: „Ihr habt euch nicht erwählt, sondern ich habe euch füreinander erwählt." [1]

Erst später im Rückblick wurde mir klar, daß Gott selbst hier am Werk gewesen war: Weil er wußte, was die Zukunft bringen würde, schuf er eine innige, feste Verbindung zwischen uns.

Klingt das zu gewöhnlich oder weltlich? Einerseits ist es ja so: jeden Tag werden Freundschaften geschlossen, entdeckt man, wie schön es ist, etwas Gemeinsames zu haben und miteinander zu wachsen. So werden aus Bekanntschaften Freundschaften. Dabei blickt man gewöhnlich nicht sehr weit in die Zukunft, weil die Freude an der Gegenwart ausreicht und befriedigt.

Nach Mads' Tod sagte eine Mitarbeiterin des St. Christopher Hospiz: „Madeleine ist genau zum richtigen Zeitpunkt in dein Leben getreten, und Gott hat gewußt, daß sie dich in dieser für sie so schweren Zeit brauchen würde."

Umgekehrt war es für mich Madeleine, die mich mehr als jeder andere Mensch in einer sehr schwierigen Phase meines Lebens stützte. Und es war nicht etwa so, daß ich sie um Hilfe gebeten hatte – dazu war ich viel zu unabhängig –, sondern sie war einfach da und blieb in meiner Nähe, bis ich endlich annehmen konnte, was sie mir anbot. Sie war es, die mich lehrte, was wahre, echte Freundschaft ist, was es heißt, für jemanden zu sorgen, wie man Sensibilität für den anderen lernt und wie eine Freundschaft verbindlich sein kann, auch unter extrem schwierigen Bedingungen.

Es war das Jahr 1975, ich war immer noch am London Bible College, allerdings jetzt nicht mehr als Schülerin, sondern als Mitglied des Lehrerkollegiums – und ich hatte zu kämpfen. Mir machte die Umstellung von der Schülerin zur Lehrerin doch mehr zu schaffen, als ich angenommen hatte. Teilweise war daran wohl auch eine ziemlich schwere Grippe mit Schuld, die ich am Ende meiner eigenen Schulzeit gehabt hatte und die mich sowohl körperlich als auch psychisch ziemlich mitgenommen hatte. Außerdem war ich wegen meiner Schwerhörigkeit deprimiert, und ich hatte Angst um meine Eltern, deren Ehe nur noch an einem seidenen Faden hing.

Es dauerte gar nicht lange, bis ich merkte, daß ich mit der täglichen Arbeit, meinen persönlichen Problemen und den Sorgen um meine Eltern einfach überfordert war. In einer Schule und ihrer Umgebung kann es unglaublich einsam sein, besonders wenn das Leben nicht problemlos verläuft. Ich fuhr jedes Wochenende nach Hause, denn ich hoffte, meine Eltern würden zusammenbleiben, wenn ich oft genug da wäre; aber an einem Wochenende erreichte die Krise schließlich ihren Höhepunkt. Ich rief Mads an und fragte, ob sie Lust auf einen Spaziergang hätte. Ich erwähnte nicht, wie verzweifelt ich war. Sie mußte dennoch geahnt haben, was in meiner Familie vor sich ging und hatte entsprechende Vorbereitungen getroffen, gemeinsam mit der jungen Frau, mit der sie zusammenwohnte.

„Wir fänden es schön, wenn du übers Wochenende zu uns kämest", sagte sie, als wir die Sonne des Frühherbstes genossen. Mit der Zeit wurden diese Wochenendbesuche immer ausgedehnter, bis ich schließlich mehr Zeit bei Mads verbrachte als in der Schule. Bei ihr konnte ich entspannt sein, und schließlich wurde ihre Wohnung auch mein Zuhause.

Als der Vermieter ein paar Jahre später die Wohnung verkaufte, zogen wir alle drei, Mads, die Freundin und ich, in ein Haus. Inzwischen hatte ich vom London Bible College auch die offizielle Genehmigung, nicht auf dem Schulgelände wohnen zu müssen. Man war zwar von dieser Lösung nicht begeistert, aber es bedeutete, daß ich weiter arbeiten konnte, ohne ständig um mein seelisches Gleichgewicht kämpfen zu müssen.

Obwohl diese Phase meines Lebens ziemlich düster war, gab es doch immer wieder auch lichte Augenblicke. Es war eine Phase, in der eine solide Grundlage geschaffen wurde, bevor der Sturm mit voller Wucht über uns hereinbrach, eine Phase, in der ich ganz zaghaft begann, mich zu öffnen und über meine Schwerhörigkeit zu sprechen.

Wenn ich jetzt zurückblicke, wird mir klar, wie hilflos ich damals war. Ich hatte mich einfach mit meiner Situation abgefunden und

beschlossen, für mich gäbe es keine Hilfe. Mads hatte die besondere Gabe zu ermutigen und ganz unaufdringlich Dinge einfach zu
erledigen. Sie war es, die einen Verstärker in unser Telefon ein-
bauen ließ; die mir bei Fernsehsendungen die wichtigsten Fakten
des Geschehenen zusammenfaßte und die auch entdeckte, daß es
Hörhilfen fürs Fernsehen gab, so daß ich zum ersten Mal in meinem Leben auch den Ton mitbekam.

Nur Mads brachte es fertig, mitten in eine Gebetsgemeinschaft
hinein zu sagen: „Könntet ihr bitte lauter sprechen, damit Liz euch
verstehen kann?"

Wie oft fand ich Zettel mit witzigen Zeilen in meinen Unterrichts-
unterlagen, und oft kam sie in der Mittagspause einfach nur nach
Hause, um mir Gesellschaft zu leisten, besonders wenn sie wußte,
daß es mir schlecht ging. Gleichzeitig ermutigte sie mich in meiner
Arbeit, denn sie war richtig gierig nach Bibelwissen und ehrlich an
allem interessiert, woran ich gerade arbeitete.

Aber die Hilfe war nicht nur einseitig. Speziell als Mads nach ihrer
zweiten Operation zur Bestrahlungstherapie ins Zentrum von
London mußte, fuhr ich sie oft dorthin, besonders am Schluß der
Therapie, als sie sehr müde und deprimiert war. Wenn sie alleine
fuhr, mußte sie oft auf Züge warten und dann noch lange auf die
Bestrahlung.

Mit der Zeit teilten wir immer mehr – nicht nur unsere Persönlich-
keiten, sondern auch unseren Besitz. Wir begannen, Pläne zu
schmieden. Weil wir es leid waren, in Mietwohnungen zu leben,
fingen wir an, für ein eigenes Zuhause zu sparen. Um mehr sparen
zu können, schafften wir ein Auto ab und teilten uns das andere.
Manchmal war die Abrechnung der Autokosten wirklich schwierig, denn weil Mads von ihrem Arbeitgeber Kilometergeld erhielt,
zahlte sie mehr in die Autokasse als ich. Wenn wir mit dem Rechnen gar nicht mehr klarkamen, benutzten wir das Papiergeld vom
Monopolyspiel, um uns den Rechenweg besser vorstellen zu können.

Ich glaube, wir hatten damals beide das Gefühl, das Gröbste über-
standen und bessere Zeiten vor uns zu haben. Wir machten einen
wunderschönen Wanderurlaub in Yorkshire, und den Rest der
Ferien verbrachten wir mit unseren Nichten und Neffen, was
unglaublich viel Spaß machte, obwohl es anstrengend war. Es war

eine unbeschwerte Zeit, wenn ich auch oft den Eindruck hatte, daß Mads sehr schnell müde wurde. Auch Mads bemerkte es und machte sich deshalb Sorgen. Und wieder machte ich mir – was eigentlich unglaublich erscheint – wenig Gedanken über diese Müdigkeit.

Im Gegenteil – ich war wohl eher ungeduldig. Sie war jetzt schon seit so langer Zeit ständig müde, daß ich mich fragte, ob es für sie nicht langsam an der Zeit sei, sich ein bißchen zusammenzureißen. Besonders erinnere ich mich an eine Wanderung im Ashdown Forest gemeinsam mit ein paar Freunden. Mads klagte über Müdigkeit und Deprimiertheit, und so versuchten wir, eine Abkürzung der Route zu finden. Das führte dazu, daß wir völlig die Orientierung verloren und uns verliefen. Um sie aufzumuntern, erinnerte ich Mads: „Das Beste kommt erst noch", und glücklicherweise siegte wieder einmal ihr Humor und sie trottete die verbleibenden Kilometer neben mir her, meine dahingesagten Worte vor sich hin murmelnd, um mit uns Schritt halten zu können.

Was die unmittelbare Zukunft betraf, so hätte meine Redensart nicht weiter von der Wahrheit entfernt sein können. Am Horizont unseres Lebens türmten sich Wolkenmassen, die uns vor dem bevorstehenden Sturm warnten.

3
Dunkelheit und Licht

Wenn es stimmt, daß die Zahl Sieben Vollkommenheit symbolisiert, dann war mit dem Jahr 1977 irgend etwas nicht in Ordnung. Mads ging es gar nicht gut, manchmal hatte sie starke Schmerzen im Hals und in der Schulter. Schließlich konnte sie davon überzeugt werden, einen Arzt aufzusuchen, der sie zu weiteren Untersuchungen an einen Spezialisten überwies. Gleichzeitig geschah etwas Entscheidendes in meiner Familie. Der Faden, an dem die Ehe meiner Eltern noch gehangen hatte, zerriß. Wie so oft war eine mühsam erhaltene Stabilität zerstört worden, als das jüngste Kind das Elternhaus verlassen hatte. Meine Schwester, die zehn Jahre jünger war als ich, wollte im April heiraten. Mein Vater, dem es schon seit einigen Jahren gesundheitlich nicht sehr gut ging, ließ sich frühzeitig in den Ruhestand versetzen und zog in die Nähe meines sechs Jahre älteren Bruders. Meine Mutter zog mit einer Verwandten zusammen, denn unser Haus hatte aus finanziellen Gründen verkauft werden müssen. Diese Zeit war für uns alle sehr schmerzhaft, obwohl die Trennung nur zeitweilig war, denn nach anderthalb Jahren kamen meine Eltern wieder zusammen. Ich war selbst erstaunt darüber, wie tief die Gefühle der Unruhe und Verwirrung bei mir waren. Ich war schon dreißig und lebte seit einigen Jahren nicht mehr zu Hause, aber trotzdem hatte ich das Gefühl, als werde mir der Boden unter den Füßen weggezogen. Gleichzeitig schämte ich mich unsagbar dafür, daß so etwas in *meiner* Familie passierte, und ich hatte Schuldgefühle, weil ich irgendwie dachte, ich hätte diese Trennung verhindern können.

Ich war zutiefst schockiert und empört und konnte mit diesem inneren Aufruhr nur umgehen, indem ich mich in Schweigen hüllte. Ich konnte einfach nicht darüber sprechen. Erst Jahre später wurde mir klar, daß ich einen Verlust anderer Art durchlitt. Mads war mir in dieser Zeit eine große Hilfe. Sie ging dem Problem ganz behutsam auf den Grund und ermutigte mich auszusprechen, was ich empfand, obwohl ich mich in jenen ersten Wochen innerlich in einem solchen Chaos befand, daß ich nicht einmal mit ihr sprechen konnte.

Eines Nachmittags erhielt ich einen Anruf: Mads war in der Klinik gewesen, um die Ergebnisse ihrer Untersuchungen zu erfahren und bat mich und die Freundin, die sie begleitet hatte, uns mit ihr am Bahnhof zu treffen. „Was ist los?" fragte ich ängstlich. „Es sieht nicht gut aus", kam noch die Antwort, bevor die Sprechzeit vorbei war.

Später an diesem Abend, als Mads in der Lage war zu reden, erzählte sie uns, man habe Metastasen in mehreren Rippen entdeckt, der Krebs habe auf die Knochen übergegriffen, und sie müsse sich jetzt einer Chemotherapie unterziehen. Wir waren alle viel zu schockiert, um über die möglichen Folgen zu sprechen, aber sie waren offensichtlich schwerwiegend. Meine eigene unausgesprochene Reaktion auf all das war: „Ich kann nicht noch mehr ertragen." Ich wäre am liebsten weggelaufen, aber gleichzeitig erkannte ich, daß Mads mich brauchte, und ich wollte ihr helfen, wo ich nur konnte.

An jenem Abend war ich es, die die Initiative ergriff. Ich fühlte, daß Madeleine Zeit brauchte, um sich mit der neuen Situation vertraut zu machen, und diese Zeit würde sie bestimmt am liebsten bei Ralph und Bertha Leech verbringen wollen.

Sie wollte aber nicht alleine zu ihnen fahren. Ich verschaffte mir also einen kurzen Überblick über meine Aufgaben der nächsten Zeit und entschied dann, daß ich sie ebensogut von Lymington wie von Bromley aus erfüllen konnte. Innerhalb kurzer Zeit waren wir reisefertig und machten uns auf den Weg.

Ich erinnere mich so klar und deutlich an den ersten Morgen nach unserer Ankunft. Unsere Freunde, die unser Bedürfnis miteinander zu reden erkannten, brachten uns das Frühstück aufs Zimmer, und es wurde Mittag, bis wir den Raum verließen.

Mads fand als erste den Mut, den Tatsachen ins Auge zu sehen und die Wahrheit in Worte zu fassen: „Du hast Angst, ich könnte sterben." Ihre Worte bewirkten, daß ich meine mühsam bewahrte Fassung verlor, aber auch, daß das Hindernis der Täuschung ausgeräumt wurde, das uns getrennt hatte. Alles was ich mir an Empfindungen gestattet hatte, war Furcht und Panik. Indem das Sterben beim Namen genannt wurde, konnten wir es ein wenig in den Blick bekommen, obwohl wir beide es danach sehr lange nicht mehr erwähnten.

Die verbleibenden Tage in der sanften Schönheit von New Forest wurden zur Grundlage für die folgenden paar Jahre. Wir begannen, zusammen zu beten, wenn Mads Schmerzen hatte oder wenn eine von uns in Angst oder Panik geriet. Durch die Intensität dieser veränderten Situation entwickelten wir beide ein besonderes Einfühlungsvermögen für die jeweiligen Stimmungen und Empfindungen der anderen. Wir fanden neue Freiheit im Umgang miteinander, so daß wir uns auch berühren konnten, um uns gegenseitig zu trösten oder einfach gemeinsam zu schweigen, wenn es nichts zu sagen gab. Oft gibt es in Situationen wie der unseren keine passenden Worte. In unserer Bestürzung erkannten wir, daß so viele unserer „Warum?" nicht beantwortet werden konnten, daß aber dennoch Gott uns festhielt, daß sein Weg genauso vollkommen war wie sein Zeitplan und daß er „in aller Stille liebevoll für uns plante".[1]

Und irgendwo, inmitten des ganzen Geschehens, verdrängte ich

Schmerz und die Bestürzung über meine Eltern aus meinen Gedanken. Madeleine brauchte mich, und ich wollte jetzt alles tun, um für sie so zu sorgen, wie sie für mich gesorgt hatte.

Nach unserer Rückkehr nach Hause gab es viele praktische Dinge zu überdenken. Wir hatten einen Urlaub in Schottland gebucht. Sollten wir unter den veränderten Bedingungen eine so weite Reise machen? Die Ärzte freuten sich für Mads, daß sie diesen Urlaub machen und die Behandlung bis nach unserer Rückkehr verschieben wollte. „Fahren Sie, und genießen Sie alles", riet ihr der Arzt.

Während die Ärzte froh waren, konnte ich mich ganz und gar nicht freuen. Zum einen, weil meine Erinnerungen an vergangene Ferien in Schottland immer sehr naß gewesen waren, und ich hatte Visionen von grauen Bergen, deren Gipfel von Nebel eingehüllt waren, von durchnäßtem Farn und tückischen Mooren.

Zum anderen, weil ich mir vorstellte, mit Mads in einer Hütte zu sitzen und ihr Zustand würde sich verschlechtern. In Gedanken sah ich uns durch die Nacht zurückfahren, damit Mads im Krankenhaus behandelt werden konnte. Denn weil ich keine Erfahrung mit dieser Krankheit hatte, wußte ich überhaupt nicht, was zu erwarten war. Man konnte nichts von der Krankheit *sehen,* und die Zeit in New Forest hatte ihr sichtbar gut getan. Ich rief die Freundin an, die uns von der Hütte erzählt hatte, und erfuhr nun, daß sie von Hügeln und nicht von Bergen umgeben war, und daß im vergangenen Jahr sehr schönes Wetter gewesen sei. „Ich weiß, ihr werdet den Sonnenschein der Liebe Gottes genießen" – ich war mir allerdings gar nicht so sicher, daß damit der Situation, in der ich war, Rechnung getragen wurde.

Wir fuhren. Und wir genossen nicht nur den stetigen Sonnenschein, sondern wir entdeckten in dieser „Wildnis" auch eine lebendige, wachsende Gemeinde. Schon allein die atemberaubend schöne Landschaft hatte heilende Kraft, aber besonders in der lebendigen Gemeinschaft dieser Gruppe von Christen erneuerte Gott unsere geistlichen Kräfte und baute uns auf. Durch diese wundervolle Verbindung von Naturschönheit und geistlichem Reichtum angezogen, fuhren wir später in demselben und auch im folgenden Jahr wieder dorthin. Bei unserem dritten Besuch dort war Mads schon sehr geschwächt. Deshalb verbrachten wir viel

Zeit damit, Pflanzen zu bestimmen, die wir auf unseren kurzen Streifzügen gesammelt hatten und unternahmen keine anstrengenden Wanderungen. Am Ende des Urlaubs war ich schon ganz gut im Bestimmen und konnte viele Pflanzen benennen, aber leider habe ich fast alle Namen wieder vergessen außer von den Pflanzen, für die Mads Spitznamen erfunden hatte.

Besonders ein Ereignis dieses letzten gemeinsamen Urlaubs in Schottland ist mir im Gedächtnis haften geblieben. Ich hatte kurz vor unserer Abreise mit einer befreundeten Ärztin gesprochen und sie gefragt: „Wieviel soll ich Mads unternehmen lassen?" Ich hatte diese Frage nicht nur im Hinblick auf den Urlaub gestellt, sondern ganz allgemein.

Jetzt erst verstehe ich, wie weise es von ihr war zu raten, doch das Beste aus der verbleibenden Zeit zu machen, anstatt früher als nötig Abstriche zu machen. Es war nicht immer leicht, ein gesundes Gleichgewicht zwischen „vernünftig sein" und „übervorsichtig sein" zu finden, und genauso schwierig war es, die Grenzen ihrer Kraft zu erkennen, weil sie sich ständig veränderten.

Während sie also prustend und schnaufend den Weg auf einen Berg hinaufstieg, von dem man eine phantastische Aussicht haben sollte, fragte ich mich, ob wir es nicht ein wenig übertrieben. Aber sie wünschte sich so sehr, auf den Gipfel zu kommen, und während ich ihr aufmunternde Sprüche zurief, war ich dankbar für den Rat der Freundin und dafür, daß Mads den Mut hatte, weiterzukämpfen.

In ihren letzten Lebensmonaten sprachen wir oft über diese Ferien, und wir schmiedeten Pläne, wieder dorthin zu fahren, obwohl wir beide Zweifel daran hatten, daß Mads dazu noch einmal in der Lage sein würde.

Es war im Grunde die kleine Gemeinde dort, die uns am stärksten anzog. Wir waren gefahren, um Frieden und Erholung in der Schönheit der Natur zu finden, schöpften aber die meiste Kraft aus den Gottesdiensten dieser kleinen Gemeinde.

Wenn ich jetzt die letzten drei Jahre von Mads' Leben überdenke, dann wird mir so deutlich, wie Gott still seinen Plan mit uns durchführte. Wir mußten zwar viel aushalten und leiden, und es gab oft Zeiten der Depressionen und Konflikte, aber gleichzeitig lernten wir neue Orte kennen, gingen zu verschiedensten Veranstaltungen,

Konzerten, Konferenzen und schlossen viele neue Freundschaften. Viele dieser neuen Freunde blieben in engem Kontakt mit uns und halfen mir nach Mads' Tod auf jede nur erdenkliche Weise weiter. Das gab mir ein Gefühl der Kontinuität und bildete eine Grundlage, auf der ich mein Leben ohne Mads wieder aufbauen konnte.

Aber im Jahre 1978 wußte ich von all dem noch nichts. Das Bibelwort, dem wir immer wieder begegneten, war: „Denn ich weiß wohl, was ich für Gedanken über euch habe, spricht der Herr: Gedanken des Friedens und nicht des Leidens, daß ich euch gebe Zukunft und Hoffnung."[2] Dies schien uns wie Hohn angesichts des sich ständig verschlechternden Gesundheitszustands von Mads, ihrer häufigen Klinikaufenthalte und mehrerer erfolgloser Therapien. Was würde die Zukunft bringen, und gab es wirklich Hoffnung? Würde es einen Durchbruch in der medizinischen Forschung geben? Würde es zu einer wunderbaren Heilung kommen? Wir hofften noch immer.

4
Die Liebe hört nie auf

In dieser Situation fühlte ich mich sehr einsam. Weil es Madeleine gesundheitlich immer schlechter ging, hatten wir entschieden, daß es nicht ratsam sei, in dieser Situation ein Haus zu kaufen, auch wenn wir aus unserem gemieteten Haus ausziehen mußten, weil der Eigentümer es wieder selbst bewohnen wollte. Die dritte Mitbewohnerin hatte sich eine eigene Zweizimmerwohnung gekauft, und so zogen Mads und ich am Anfang des Jahres 1979 wieder in eine Mietwohnung in der achten Etage eines Wohnblocks. Der Januarsturm blies Schnee durch die schlecht verarbeiteten Fenster, und unsere Stimmung war auf dem Nullpunkt. Es war ein wirklich schlimmer Jahresbeginn. Die ersten neun Monate dieses Jahres waren besonders schwierig für uns. Es waren zwei Jahre vergangen, seit wir darüber gesprochen hatten, daß Mads sterben könnte. Ich glaube, wir dachten beide, daß die verschiedenen Therapien, denen Mads sich unterzog, sie irgendwann heilen würden; eines Tages würden die Ärzte das richtige Mittel finden. Aber es schien, als würde daraus ein Wettlauf gegen die Zeit. Mit der Zeit häuften sich die Phasen, in denen Mads nicht arbeiten konnte, weil sie sich entweder einer Therapie unterziehen mußte oder sich von einer Therapie erholte. Merkwürdige Flecken, die wie kleine Bläschen aussahen, breiteten sich über ihre ganze Brust aus und heilten nicht ab.

Unsere Beziehung, die immer so unkompliziert gewesen war, wurde nun zu einem Kampfschauplatz. Wir kämpften beide mit Fragen über unsere Zukunft und unsere Fähigkeit, die Zukunft bewältigen zu können. Vielleicht würde es die Lage erleichtern, wenn Mads immer einmal wieder für ein paar Tage Freunde und Verwandte besuchte. Aber immer wenn sie gerade fort war, rief sie mich an und wollte wieder nach Hause, und sobald sie dann wieder da war, wollte sie weg.

Es gibt in fast allen Wohnungen von Christen ein Poster, auf dem 1 Korinther 13, das Hohelied der Liebe, in einer wunderschönen Übertragung abgedruckt ist. Eines Tages, nach einem besonders stürmischen Krach, fand ich es in meinem Zimmer auf dem Fußboden, wohin Mads es in ihrer Wut geworfen hatte. Eine eindeutige Botschaft, die mich traf, aber absolut nicht zu Madeleine paßte, weil sie eigentlich immer in Worte gefaßt hatte, was sie empfand.

Ein anderes Mal, als Madeleine wieder so außer sich geraten war, wurde ich so böse, daß ich aus der Wohnung rannte und umherlief, um mich zu beruhigen.

Normalerweise kann ich mich gut beherrschen, aber diesmal war ich so böse, daß ich, als ich wieder in die Wohnung kam, einen Koffer quer durch mein Zimmer schleuderte, um ihr zu zeigen, wie unmöglich ich die ganze Situation fand.

Es schien wirklich so, als ob wir getrennte Wege gehen sollten. Angst und Wut angesichts des Todes sind auch für Christen nichts Unnormales. Die Fragen, die mich beschäftigten, hatten mit ganz praktischen Dingen zu tun. Ich wußte, daß ich keine direkte Verantwortung für Madeleine hatte, obwohl mir klar war, daß ihre Familie gar nicht in der Lage war, sich um sie zu kümmern und für sie zu sorgen. Ich kannte niemanden, der in einer ähnlichen Situation war oder gewesen war: schwere Krankheiten, Tod und Verlust trafen immer Verwandte – Ehemänner, Ehefrauen, Kinder, Eltern – und dann gab es natürlich keine andere Möglichkeit, als es auszuhalten und durchzustehen. Aber ich hatte die Möglichkeit einer Wahl. Ich wollte Mads nicht verlassen, ich wollte bei ihr bleiben und die Verbindung, die in den vergangenen zehn Jahren zwischen uns gewachsen war, machte es mir schlichtweg unmöglich zu gehen. Selbst wenn ich gewollt hätte, wie hätte ich zu ihr sagen können: „Es steht ja doch fest, daß du sterben wirst, und ich hoffe, du verstehst, daß ich ausziehen muß. Schließlich muß ich auch an mein eigenes Leben denken."

Aber würde ich die Kraft haben, mit all dem fertig zu werden, was da auf mich zukam?

Mitten in dieser schwierigen Zeit verbrachten wir ein verlängertes Wochenende bei Ralph und Bertha Leech in Lymington. Ich fuhr hoffnungsvoll dorthin. Die Besuche dort taten Mads immer gut und bauten sie auf. Das warme Oktoberwetter und die Schönheit des Waldes in seiner Herbstpracht würden ihr sicher helfen, über den Berg zu kommen. Aber so war es dann doch nicht. Nach unserem ersten Tag, an dem wir einen gemeinsamen Spaziergang genossen, ging es ihr zunehmend schlechter, und sie litt unter Schmerzen und Übelkeit. Sehr behutsam sprachen die Leeches mit jeder von uns einzeln über die Möglichkeit, daß Mads sterben würde und daß die Therapien sie vielleicht nicht mehr heilen, sondern den Verlauf der Krankheit nur noch verzögern könnten. Ich weiß nicht, was die beiden dabei empfanden und was es sie kostete, so zu sprechen, denn es ist oft so schmerzlich, die Wahrheit zu sagen, und sie kannten Mads seit Jahren und liebten sie. Es war ein unschätzbarer Akt der Liebe und wurde zu einer Leiter, mit deren Hilfe wir aus der Tiefe wieder hinaufsteigen konnten.

Auf unserer Rückfahrt nach London sprachen wir zum ersten Mal seit Monaten offen über den Tod und das, was nach dem Tod kommt. Es blieb immer noch viel zu bedenken und zu besprechen, denn man kann nicht von einem Tag auf den anderen mit dem Tod umgehen; aber es war ein Durchbruch für uns beide.

Ein paar Monate nach unserem Besuch schrieb Bertha mir: „Vergeßt nicht, daß dort, wo ihr mit eurer Kraft am Ende seid, der Herr mit seiner Gnade und Ermutigung erst beginnt."

Und sie fuhr fort: „Christen sind wie Tee; sie entwickeln ihre wirkliche Stärke erst, wenn sie in kochendem Wasser sind – vergleiche 1 Petrus 5,10.11." Das war mehr als eine dahingesagte Redensart.

Ihre Ermutigung, ihr Gebet und ihre ganz praktische Hilfe begleiteten uns unvermindert in den folgenden Monaten, und wir sind seitdem gute Freunde geblieben.

Madeleine würde sterben. Ich wußte, daß das sicher war, es sei denn, es würde ein Wunder geschehen. Ich würde sehr gefordert werden und am Ende würde Mads nicht mehr da sein.

Vielleicht merkten die Leute um mich her nicht, daß ich auch Bedürfnisse hatte – angenommen, ich würde zusammenbrechen, was dann?

Während eines Wochenendbesuchs bei meinen Eltern (die wieder zusammen waren und in Devon lebten) gelang es mir, mich für einen Spaziergang davonzuschleichen, und ich wanderte an den Klippen der Hoffnungsbucht entlang – ein Name, der mir rückblickend symbolisch erscheint. In meiner Angst und Verwirrung bat ich Gott, er solle mir deutlich zeigen, was ich tun sollte. Vielleicht wollte er, daß jemand anders sich um Mads kümmerte. Ich wollte alles tun, was er wollte, aber ich brauchte eine ganz eindeutige, klare Weisung.

Mit erstaunlicher Klarheit und Deutlichkeit fielen mir die Worte auf dem Poster ein, das Mads auf den Zimmerfußboden geworfen hatte: „Liebe erträgt alles, sie glaubt alles, sie hofft alles, sie duldet alles. *Die Liebe hört nie auf.*"

Ich ging den Weg auf den Klippen zurück mit einem merkwürdigen Gefühl der Erleichterung und der Sicherheit, daß diese schwere Last der Ungewißheit von mir genommen war. Die Situation war zwar unverändert, aber meine Blickrichtung hatte sich geändert, und ich wußte jetzt ohne jeden Zweifel, welchen Weg ich gehen sollte: Ich hatte eine verbindliche Beziehung zu Mads, und ich würde bis zum Schluß bei ihr bleiben, wenn sie es wollte. Meine Kraft war sicher unzulänglich und meine menschliche Fähigkeit zu lieben begrenzt, aber die Liebe Jesu, die in mir und durch mich wirkte, würde ausreichen. Egal, was uns bevorstand, Gott würde mich mit seiner Kraft ausrüsten, die uns beiden durch alles hindurchhelfen würde.

Klingt das nun unrealistisch oder abgedroschen? Ich kann nur sagen, daß in den vier Monaten, die Mads noch zu leben hatte und eine lange Zeit danach das Wirken der Liebe Gottes in vielen Situationen einfach überwältigend war.

Besonders deutlich erinnere ich mich an einen abendlichen Abendmahlsgottesdienst. Mads war zu dem Zeitpunkt schon in der Klinik, und für mich war ihre psychische Not viel schmerzhafter anzusehen als ihre körperliche Verfassung. Ich war zu aufgewühlt, um mitsingen zu können, als plötzlich eine Zeile des Liedes meine Traurigkeit durchbrach und mir klar machte, daß die Liebe Gottes uns beide umhüllte: „Und fließt dein Liebesbecher über..."

Diese zutiefst verändernde Erfahrung wird von einem Schriftsteller treffend beschrieben: „Sich der Gegenwart Gottes bewußt zu sein, ist das Wahrnehmen der Wärme, die die ganze Tiefe unseres Seins durchdringt. Es vermittelt uns eine kaum faßbare Kraft, die für uns sorgt, so wie wir sind und die uns so liebt, wie wir sind. Es ist nicht so, daß wir plötzlich andere besser lieben können, sondern eher, daß wir fähig werden, diese unbeschreibliche Liebe zu empfangen." [1]

Ich hatte das Pferd von hinten aufgezäumt. Wir müssen zuerst einmal Gottes Liebe zu uns erfahren, und erst dann werden wir fähig, die Aufgaben zu erfüllen, die die Liebe uns stellt. An jenem Abend erlebte ich wie nie zuvor, was es bedeutet, von Gott geliebt zu sein. Das war eine wichtige Kraftreserve, die ich zu dem Zeitpunkt wirklich nötig hatte.

Es scheint so, als ob wir besonders im Leiden solche Augenblicke intensiven Empfindens der Gegenwart Gottes erleben. Das ist aber im Grunde gar nicht verwunderlich wenn wir überlegen, daß Gott uns durch Leiden – durch das Mißverstehen und die Ablehnung, die mit der Kreuzigung endeten – seine Liebe am deutlichsten offenbarte.

In unserem Schmerz ist Gott immer gegenwärtig. Jemand, der mit uns diese letzten paar schmerzlichen Monate durchlebte, schrieb später: „Vieles wird jetzt klarer, besonders dies: daß die Liebe Gottes in Leiden und Schmerz wirksam wird und uns durch alles hindurchhilft durch die Gnade und das Geschenk seiner Heilung – sei es körperlich oder psychisch – und durch das Einssein mit Christus und seinem Dienst und sein Mitleiden von Leid und Anfechtung. Wie tröstlich wäre es für uns, wenn uns klarer wäre, daß Gott mit uns weint, mit uns liebt und mit uns leidet. Wie wichtig wäre es und ist es, daß wir den, der vollkommen liebt, den Schmerz erleiden sehen, welchen die Liebe immer mit sich bringt – und der dennoch nie aufgibt, sondern immer das Risiko in Kauf nimmt, verletzt zu werden und Schmerzen zu erleiden." Der Trauernde in den Klageliedern ist inmitten seiner Verzweiflung fähig, aus vollem Herzen zu sagen: „Die Güte des Herrn ist's, daß wir nicht gar aus sind, seine Barmherzigkeit hat noch kein Ende." [2]

Ich merkte, daß auch ich von der festen Überzeugung getragen war, daß Gottes Liebe unter der Last unserer schwierigen Situation nicht zusammenbrechen würde. Trotz all der Trauer, aller Fragen und all der Zweifel wußte ich, daß der liebende Vater alles in seiner Hand hatte und bei uns war.

Im Gegensatz zu mir schien Mads, deren Glauben immer fester gewesen war als meiner, ihn gerade jetzt verloren zu haben, wo sie ihn am nötigsten brauchte. Mit der Tatsache konfrontiert, daß sie sterben würde, schien es, als sei sie in ein tiefes, schwarzes Loch der Verzweiflung gefallen. Sie zog sich ganz in sich selbst zurück und war unfähig zu reden, außer ein paar einsilbigen Worten. Als ich in ihr Gesicht sah und dort ihre Hoffnungslosigkeit und die Schmerzen erblickte, fragte ich mich ernsthaft, ob Gott sie überhaupt noch würde erreichen können. Ich wußte, daß nur ein Wunder ihr die Heilung ihrer Empfindungen bringen konnte, die sie so sehr brauchte.

5
Heilung durch den Tod

„Ich glaube, ich fühle mich von Gott im Stich gelassen, weil er mich nicht gesund gemacht hat."

Wir saßen in einer ruhigen Ecke außerhalb der Station im St. Christophers, in das Mads auf unsere Bitte hin eingewiesen worden war. Wir hatten in unserer Tätigkeit als Sozialarbeiterin beide Kontakt mit dem Hospiz gehabt und wußten, daß hier nur sterbende Menschen waren. Das Wissen um diese Tatsache war für Mads einfach zuviel gewesen, und ihre Depressionen hatten sie nun noch fester im Griff.

(Vielleicht sollte hier noch erwähnt werden, daß die Aufnahme im Hospiz nicht das sofortige Ende bedeutete. Es gab Patienten, die wieder nach Hause konnten und solche, die für längere oder kürzere Zeiten nach Hause durften. Außerdem war es ein Ort, der –

so unglaublich es für jemanden scheinen mag, der es nicht selbst erlebt hat – keineswegs nur trostlos und deprimierend war, sondern an dem eine ganz bestimmte Atmosphäre,bestehend aus Gelächter und Freude, aber auch Traurigkeit herrschte, eine Atmosphäre des Friedens und der Hoffnung inmitten der Realität des Todes.)

Eines der Dinge, die es uns so schwer machten, Madeleines Zustand zu akzeptieren, war die Frage der Heilung gewesen. Von der ersten Gelegenheit an, bei der Madeleine in der Gemeinde um das Gebet um Heilung gebeten hatte, hatten viele Menschen mit ihr und für sie gebetet, und sie hatte an dem Glauben festgehalten, daß sie geheilt werden würde – entweder durch Gottes direktes Wirken oder durch einen Durchbruch in der medizinischen Forschung. Eine ziemlich große Gruppe von Menschen in unserer Gemeinde betete für sie und glaubte fast bis zu ihrem Tod daran, daß Mads geheilt werden würde.

Ich war keineswegs nur eine unbeteiligte Beobachterin von Madeleines Schwierigkeiten. Kurz bevor ich meine Ausbildung am London Bible College begonnen hatte, war um Heilung meiner Hörbehinderung gebetet worden, und ich hatte meine erste Vorlesung ohne Hörgerät besucht und – absolut nichts verstanden. Auch danach noch war ich monatelang fest davon überzeugt, daß ich eines Tages würde normal hören können. Gleichzeitig kämpfte ich mit einer Identitätsfrage: Sollte ich so leben, als hätte ich keine Behinderung oder sollte ich als Frau leben, die schwerhörig ist? Schließlich mußte ich mich dieser schmerzlichen Frage mit all ihren Verzweigungen stellen. Warum wurde ich nicht geheilt? Es dauerte mehrere Jahre bis ich erkannte, daß es möglich ist, eine biblische Spannung zwischen Heilung und Nichtheilung auszuhalten. Wir sollen glauben, daß Gott heilen kann, und es ist eine nicht zu leugnende Tatsache, daß er heilt; aber auf der anderen Seite stimmt es auch, daß sein Plan immer der beste ist, und daß nur er den ganzen Überblick hat. Weil er jeden von uns als ganzen Menschen sieht, ist es durchaus möglich, daß körperliche Heilung für jemanden gar nicht gut wäre, oder daß die Art der Heilung, von der wir meinten, sie sei unbedingt nötig, gar nicht unser Bestes wäre und zu einem späteren Zeitpunkt viel wichtiger wäre.

Mein Glaube an die Weisheit Gottes in der Frage der Heilung war stärker geworden. Ein paar Monate vorher mußte Mads an einem Tumor behandelt werden, der ihr das Sprechen sehr erschwerte. Für sie war es erschreckend, und für die, die es miterlebten, war es bestürzend. Ich fühlte mich unter diesen Gegebenheiten besonders hilflos, denn weil ihr Sprechen wirklich schwer zu verstehen war, fragte ich mich, ob ich es ihr durch meine Schwerhörigkeit nicht besonders schwer machte. Ich konnte meine Freude gar nicht ausdrücken, als sie mir sagte, mit mir könne sie sich am besten verständigen, weil sie aufgrund meiner Fähigkeit von den Lippen abzulesen, ihre Stimme überhaupt nicht zu beanspruchen brauche. Zum ersten Mal in meinem Leben war ich dankbar für meine Behinderung und konnte einen möglichen Grund dafür erkennen, daß ich noch nicht geheilt worden war. Im Zusammenhang mit dieser Erfahrung wurde mir klar, daß ich meine Behinderung zwar akzeptieren, aber gleichzeitig auch offen bleiben sollte für eine mögliche Heilung zu einem späteren Zeitpunkt. In einem Brief von Reg East[1], der mit Madeleine um Heilung gebetet hatte, fand ich den meiner Meinung nach richtigen seelsorgerlichen Rat für diesen Zeitpunkt:

„Natürlich sind wir bekümmert darüber, daß Madeleines Krebs sich ausbreitet, und ich hoffe, daß wir beide mit der Möglichkeit rechnen, daß sie in nicht allzu ferner Zukunft sterben wird. Ich glaube, daß ihr beide, wenn ihr darüber offen reden und beten könnt, einen tiefen Frieden miteinander erleben werdet. Wir haben für Madeleines Heilung gebetet, und du hast das bestimmt auch getan – deshalb mußt du es auch als Gottes Willen akzeptieren, wenn sie nicht geheilt wird. Wenn ihr beide Frieden mit Gott habt und ganz offen miteinander sein könnt, dann werden eure Gebete wirksamer sein, egal, was Gott tut. Versucht zu hören, was er zu der ganzen Situation sagt."

Durch meine intensive neue Erfahrung der Liebe Gottes war ich in der Lage auf ihn zu hören, aber Mads war dazu gefühlsmäßig nicht fähig. Mir blieb also nichts, als auf den richtigen Augenblick zu warten; und jetzt, wo wir im Hospiz zusammensaßen, war dieser Augenblick gekommen. Wir hatten über Madeleines Empfindungen über das Hospiz, über Krebs, Tod und Heilung gesprochen. Während dieses Gespräches hatte sie gesagt, daß sie sich „im Stich gelassen" fühle, erklärte aber auch, daß dieses Gefühl so verwirrend und so sehr ein Teil von ihr geworden sei, daß sie nichts dagegen tun könne. Zum ersten Mal konnte ich ihr jetzt von meinem Erlebnis an der Hoffnungsbucht berichten; wie Gott nach meinem Gebet meine Einstellung zu ihrer Krankheit geändert hatte.

Ihre Reaktion war einfach, spontan und bewegend:

Trotz der Leute, die ständig kamen und gingen, schlug sie vor, zusammen zu beten, und in großer Offenheit lieferte sie Gott ihre Haltung gegenüber allem, was sie erlebt hatte, aus. Dann bat sie ihn, in ihr die Einstellung zu verändern, die sie selbst nicht ändern konnte. In den folgenden sechs letzten Wochen ihres Lebens konnte ich ihre Verwandlung und das Wunder innerer Heilung an ihr bestaunen, das viel wichtiger und machtvoller war, als es eine körperliche Heilung hätte sein können. Die Verzweiflung und die Niedergeschlagenheit verschwanden, und stattdessen entstand ein wachsender geistlicher Frieden, die Wiederherstellung ihrer Fähigkeit, anderen mit Wärme zu begegnen und ein stilles Vertrauen auf Gott – und so paradox es klingen mag, sie konnte wieder nach vorne schauen, weil sie nicht mehr in der Verbitterung über die Vergangenheit gefangen war. Es war kaum verwunderlich, daß sich dadurch auch ihre körperliche Verfassung besserte. Als sie ins Hospiz gekommen war, hatte der Arzt mir gesagt, es würde sicherlich mehrere Wochen dauern, bis sie emotional so stabil sei, das Hospiz für einen Ausflug zu verlassen. Aber schon am Samstag nach unserem gemeinsamen Gebet kam sie mit zu einem Kaffeetrinken bei Freunden, und am darauffolgenden Wochenende konnte sie schon für zwei Tage nach Hause. Auch ihr Humor und ihre Spontaneität kamen wieder zum Vorschein. Den meisten der Schwestern z. B. gab sie Spitznamen, die diese natürlich nicht erfuhren. Auch schrieb sie mir öfter kleine Briefe oder Zettel mit witzigen Bemerkungen. Ein paar Tage bevor sie starb, schrieb eine Schwester ein paar Worte auf, die Mads ihr diktiert hatte:

„Ich bin so dankbar. Ich könnte schreckliche Schmerzen haben, aber ich habe keine, und ich kann noch Liebe für die empfinden, die mich lieben, und auf sie reagieren."

Es gab zwar auch immer wieder Augenblicke für uns beide, wo wir Angst hatten und traurig waren, aber von diesen letzten Wochen mit ihr habe ich in der Erinnerung immer den Eindruck von Licht, Wärme und Heiterkeit.

Der Frühling begann in dem Jahr sehr früh, und oft machten wir kurze Spaziergänge, saßen in der Sonne und genossen gemeinsam die Ruhe, oder wenn sie am Wochenende nach Hause kam, kramten wir Fotos hervor und schwelgten in Urlaubserinnerungen. Einmal spielte Mads auch Gitarre und sang dazu.

Ich fand es nie schwierig, sie zu besuchen, und oft mußte ich mich wirklich von dem Frieden losreißen, der sie umgab, und den ich wirklich nur als ganz tiefe Zufriedenheit beschreiben kann.

Wirklich merkwürdig, das gerade unter solchen Bedingungen festzustellen. Vielleicht lag es daran, daß all die vielen Fragen – obwohl viele von ihnen beantwortet waren – jetzt einfach keine Rolle mehr spielten. Die schweren Konflikte des vergangenen Jahres hatten uns nur noch näher zusammengebracht; und wir wußten jetzt beide aus tiefstem Herzen, daß Gott uns mit seiner treuen und felsenfesten Liebe liebte, die jenseits all unserer Vorstellungskraft war.

Teil II
Suchen

6
Trauern in Hoffnung

Jahrelang hätte ich schon weinen müssen, hatte es aber nie gekonnt. Jetzt fand ich es manchmal schwer, wieder aufzuhören. Natürlich entsprangen meine Tränen auch dem Kummer über Mads und das, was sie erleiden mußte, aber ein Teil der Tränen galt der Tatsache, daß mir klar wurde, wie bald ich mich von Mads würde trennen müssen.

Ganz eng verbunden mit dieser Trauer war aber eine Art von Freude, mit der ich beobachtete, wie eine wunderbare Heilung stattfand, und ich spürte die Liebe, mit der Gott uns umgab.

Diese Mischung ganz intensiver Empfindungen wurde von jemandem wunderschön beschrieben als „eine Art Ekstase, wenn Schönheit schmerzt und ich ergriffen bin von der innigen Überzeugung, daß alles dem Besten dient…es ist gar nicht ungewöhnlich, selbst in Zeiten großer Dunkelheit und tiefsten Schmerzes, die wir empfinden, wenn wir jemanden verloren haben, daß wir plötzlich und unerwartet erfahren, wie sich ein Strahl reiner Freude mitten ins Herz unseres Kummers bohrt."[1] Jemand sagte, ich würde zu viel weinen. Ich machte mir darüber Gedanken, denn ich wollte Mads nicht unnötig aufregen. Aber sie beruhigte mich, indem sie sagte: „Es macht mir nichts, solange es außer einem Ausschütten auch noch ein Überfließen ist."

Später sagte Robert, ein Vikar aus dem Hospiz: „Wie kann man denn um jemanden, den man liebt, zu sehr trauern? Wenn ich im Sterben läge, und niemand würde eine Träne vergießen, dann würde ich glauben, es kümmert niemanden."

Ich bin sicher, ich würde das genauso empfinden, und aus meinen Erfahrungen jener letzten gemeinsamen Wochen kann ich nur sagen: Ich bin froh, daß wir offen miteinander waren und nichts voreinander verbargen oder verdrängten.

Es gab nur ein Thema, über das wir eigentlich nie richtig sprachen

– nämlich was aus mir werden würde. Offen gesagt hatte ich mir diese Frage auch nur ein- oder zweimal bewußt gestellt. Und ich hatte auch nie den Eindruck gewonnen, daß Madeleine sich darüber viele Gedanken machte. Ich habe aber inzwischen gelernt, daß sterbende Menschen sich oft mehr Gedanken über die Menschen machen, die sie zurücklassen als über sich selbst, und weil die Hospizmitarbeiter das wußten, sorgten sie dafür, daß solche Fragen zur Sprache kamen.

Wenn ich die Fähigkeit gehabt hätte, in die Zukunft zu blicken oder wenn ich mehr über Verlust und Trauern gewußt hätte, wäre ich vielleicht besorgt um mich selbst gewesen. Aber all das war mir noch verborgen, und ich war völlig gefangen im Augenblick. Ich hatte den Augenblick von Madeleines Tod gefürchtet und mich gefragt, wie es wohl sein würde. Aber als der Zeitpunkt dann gekommen war, geschah es still und sanft, so wie die Sonne hinter dem Horizont verschwindet, wenn sie untergeht, und ich hatte dabei auch ein ähnliches Gefühl der Ehrfurcht. Am vorhergehenden Abend hatten wir relativ wenig gesprochen, aber Mads hatte mit dem Gespür, das Sterbende zu haben scheinen wenn der Tod ganz nahe ist, erkannt, daß es jetzt Zeit war, Lebewohl zu sagen. Am nächsten Morgen war sie nicht völlig bei Bewußtsein, und ich blieb bei ihr bis sie am Nachmittag ganz ruhig starb.

Die Beerdigung fand in der Karwoche statt, an der Schwelle zum Osterfest mit seiner wundervollen Botschaft der Hoffnung und der mächtigen Erinnerung daran, wie sehr uns Gott liebt. Es war genau diese Botschaft der Auferstehung Jesu und seines Sieges über den Tod, die den ganzen Beerdigungsgottesdienst prägte.

Am Abend nach der Beerdigung fuhr ich nach Lymington, um zwei Wochen bei Ralph und Bertha Leech zu verbringen. Mich zog es instinktiv dorthin – nicht nur, weil es Madeleines zweites Zuhause gewesen war, sondern weil auch ich mich dort am wohlsten fühlte und weil es der Ort war, an dem wir beide in der Vergangenheit so viel inneres Heilwerden erlebt hatten.

Am nächsten Tag, als ich Jesaja 61 las, fiel mir eine Umschreibung von Vers 3 ein: „Gott wird das Gewand des Lobpreises um den Geist der Schwermut legen." Während ich über diesen Vers nachdachte, sprach Gott zu mir, und er schien zu sagen, daß er die Trauerarbeit, die jetzt vor mir lag, in der Hand habe. Eines Tages, wenn es so weit sei, werde er die Trauerkleidung von mir nehmen und mir ein neues Frühlingsgewand schenken.

Ich spürte schon jetzt den Druck von anderen Menschen und den, den ich selbst durch meinen eigenen Maßstab ausübte, über das Geschehene „richtig" und so schnell wie möglich hinwegzukommen. Leider verlor ich viel zu häufig aus dem Blick, wie wichtig der Gedanke des Jesajaverses war.

Vor einiger Zeit war ich ein paar Tage in Westschottland. Von meinem Zimmer aus hatte ich einen Blick aufs Meer und die Insel Jura, wo George Orwell seinen berühmten Roman „1984" schrieb. Eines Tages beobachtete ich, wie Regenwolken sich vom Meer her aufs Land zubewegten, und schon ein paar Minuten später hörte ich, wie Hagelkörner gegen mein Fenster schlugen. Kurz danach schien plötzlich die Sonne, nur um wieder von einem Regenschauer verdrängt zu werden, in dem die Insel Jura wie unter einer Decke aus Dunst und Wolken verschwand. Aber schon am Nachmittag desselben Tages, als ich einen Spaziergang machte, war es so warm, daß ich Schicht um Schicht meiner warmen Kleidung ausziehen konnte und schließlich in der Heide lag und die Sonne aufsog. So ist das englische Wetter – wechselhaft und unberechenbar. Mit der Trauer ist es ganz ähnlich: im Verlauf eines einzigen Tages können wir zunächst die Empfindung tiefer Trauer durchleben, die sich dann in Heiterkeit und schließlich in regelrechte Euphorie verwandeln kann.

Eine Frau, die vor kurzer Zeit Witwe geworden war, schrieb mir einmal: „Ich bin richtig verstört darüber, wie vielschichtig und unberechenbar Reaktionen auf Verluste sind." Die Bandbreite und Intensität der Empfindungen und die ganz plötzlich auftretenden Stimmungswechsel können erschreckend sein. Und so ist es kaum verwunderlich, daß zu allem, was Trauer mit sich bringt, auch meist sehr bald die Furcht hinzukommt, verrückt zu werden.

Für jemanden, der noch nie diese Art von Trauer erlebt hat, ist es kaum nachvollziehbar, was das beinhaltet. Es ist viel mehr, als traurig und deprimiert zu sein und sich Sorgen um die Zukunft zu machen. Ich zumindest erkannte erst nachdem Mads gestorben war, wie komplex Trauer ist, als ich dieses innere Chaos erlebte, das einen trauernden Menschen innerlich zerreißen kann.

Es gibt ein paar sehr hilfreiche Bücher, in denen die verschiedenen

Phasen der Trauer nach dem Verlust eines geliebten Menschen beschrieben werden. [2]

Ich habe schon immer viel gelesen, und für mich war es eine Hilfe zu wissen, daß es die Stadien von Betäubung, Verweigerung, Schock, Zorn, Rückzug, Depression und Akzeptieren gibt. Dabei muß aber deutlich gesagt werden, daß keine emotionale Erfahrung ein geradliniger Prozeß ist. Mir schien es oft so wie beim Monopolyspiel nach dem Motto: Gehen Sie zurück zum Start, gehen Sie nicht über Los etc...

„Wenn eine Liebesbindung gelöst wird, dann setzt eine gefühls- und verhaltensmäßige Reaktion ein, die wir Trauer nennen." [3]

Mir fallen zwei Worte ein, wenn ich an diese ersten Monate nach Madeleines Tod denke: Schmerz und Sehnsucht.

Das Bedürfnis, die verzweifelte Sehnsucht danach, mit ihr zu reden, bei ihr zu sein; mein Innerstes, das in einer Art Qual laut schreien wollte, die einem wirklich körperlichen Schmerz glich. Dann wiederum folgten Phasen von Apathie und Desinteresse und das Gefühl, völlig ausgelaugt und erschöpft zu sein. Das ist eigentlich nicht weiter erstaunlich, denn Trauer *ist wirklich* eine Arbeit, die den größten Teil unserer Energie verbraucht, wenn sie richtig getan werden soll. Wir werden ganz tief in unserem Geist und in unserer Gedankenwelt mit Empfindungen und Gedanken konfrontiert, denen wir uns stellen und die wir bearbeiten müssen. Nach den ersten paar Wochen oder Monaten können wir uns entscheiden, ob wir die Aufgabe, die vor uns liegt, in Angriff nehmen wollen – die Aufgabe nämlich, die Realität des Todes zur Kenntnis zu nehmen und zu akzeptieren mit all ihren Einflüssen auf die verschiedenen Bereiche unseres Lebens. Das ist kein Vorgang, bei dem wir passiv bleiben könnten, sondern einer, der jedes bißchen Energie und Mut von uns fordert, wenn wir uns auf eine positive Zukunft zubewegen wollen.

Es ist möglich, daß wir von verschiedenen starken Empfindungen überwältigt werden, manchmal plötzlich und ohne Vorwarnung, dann wieder langsam und schleichend über Stunden oder gar Tage, oft durch ein äußeres Geschehen ausgelöst, aber normalerweise tief aus unserem Inneren aufsteigend.

Es gab Tage innerer Trostlosigkeit, da war alles so schmerzhaft real und diese Realität so finster, daß ich von Furcht und Panik ergriffen wurde. Und dann mußte ich einfach zur Kenntnis nehmen, was wie ein Alptraum schien – daß Mads nie mehr zurückkommen würde. Es war, als strecke sich meine Seele aus ins Leere, in der qualvollen Sehnsucht und dem Bedürfnis, mit ihr in Verbindung zu treten, und wenn es dann nicht gelang, blieb diese Sehnsucht zurück mit einem geradezu körperlich spürbaren Gefühl der Leere.

War es schwerer, die leeren Tage zu ertragen, wenn ich ihre Gegenwart nicht empfand, oder wenn Fotos oder sonstige Dinge um mich waren, die ich mit ihr verbanden? Die Vergangenheit wurde unwirklich und unerreichbar, und das Gefühl tiefer Einsamkeit war wie ein schwarzes Loch. Das Leben schien endlos, trostlos und einsam vor mir zu liegen; die Gegenwart war bedeutungslos, die Zukunft sinnlos und bedrohlich. Es schien schon zu viel und zu schwierig weiterzuleben, und sterben schien demgegenüber viel einfacher zu sein. Ich hatte das Gefühl als löste ich mich langsam auf.

Sollte ein Christ solche Empfindungen haben? Kann ein Christ, der doch eigentlich glaubt, daß der geliebte Mensch jetzt bei Gott ist, solche tiefe Verzweiflung empfinden? Ja! Trauer und Schmerz sind der Preis, den wir für die Liebe bezahlen. Ein paar Tage nach Madeleines Tod sagte ein sonst sehr hilfsbereiter und verständnisvoller Mensch zu mir: „Manchmal sagen Menschen sie trauern, wenn sie sich in Wirklichkeit nur selbst bemitleiden." Diese Worte begleiteten mich monatelang, und sie bewirkten, daß ich viel Zeit damit verbrachte, mich unnötig zu analysieren und selbst zu begutachten mit der Frage im Kopf: „Ist es jetzt Trauer oder Selbstmitleid?" Und ich hatte wirklich Angst davor, daß sich das „unchristliche" Selbstmitleid bei mir einschleichen könnte.

Natürlich gab es auch Zeiten, in denen ich mir selbst leid tat. Einmal abgesehen davon, daß Weinen etwas Natürliches und Gesundes ist, erlaubt Gott uns auch, daß wir unseretwegen weinen, und er kommt sogar selbst mit seinem Trost in unsere Trauer hinein, damit wir eines Tages, wenn unser Schmerz geheilt ist, wieder für andere Trost sein können. Das ist es, was in 2 Korinther 1, 3-4 gesagt wird: „...der Gott allen Trostes, der uns tröstet in aller Trübsal, damit wir auch trösten können."

Ein anderer Aspekt der Trauer ist der Schmerz, den wir über die

Trennung vom geliebten Menschen empfinden. Edith Schaeffer schreibt im Zusammenhang mit dem Tod ihrer Mutter:

„Es ist die Trennung, die so schwer ist – die Trennung von Freunden auf solch totale Art und Weise, daß es keinen Weg mehr zueinander gibt; die Trennung des Körpers von der Seele. Ganz plötzlich ist die Person weg... Ich weiß, daß ich Mutter und auch andere Menschen leibhaftig wiedersehen werde. Warum habe ich dann geweint? Weinen wir nicht auch, wenn jemand Tausende von Meilen von uns wegzieht und unsere tägliche Plauderei über einer Tasse Kaffee plötzlich fehlt? Wir sind doch nicht aus Stein, und unsere Empfindungen sind etwas sehr Reales. Aber unser Weinen ist anders als das der Menschen, die keine Hoffnung und keine Sicherheit auf eine Zukunft haben." [4]

Als ich die Bibel befragte, fand ich in 1 Thessalonicher 4, 13-18 all meine Fragen über die Berechtigung der Trauer bei Christen beantwortet. Dort geht Paulus kurz auf die Wiederkunft Jesu ein, und er tut das im Zusammenhang mit einem seelsorgerlichen Problem der Gemeinde von Thessalonich. Er möchte den jungen Christen begreiflich machen, daß es eine große Vereinigung mit all denen gibt, die gestorben sind, wenn Jesus wiederkommt. Sie sind nicht ein für allemal verloren; wir werden sie wiedersehen. Darauf darf man sich freuen, und deshalb werden sie nicht trauern, wie andere, die keine Hoffnung haben. Denn Paulus sagt nicht, daß es für Christen keine Trauer gibt, sondern daß unsere Trauer anders ist, weil sie mit der christlichen Hoffnung verbunden ist, und weil Gott an unserer Trauer und Sorge Anteil hat und sie zusammen mit uns bewältigt.

Der kürzeste Vers der Bibel, Johannes 11, 35, gibt die ergreifenden Worte wieder: „Jesus weinte." Warum wurde Jesus am Grab seines Freundes Lazarus so von seinen Empfindungen überwältigt? Er hatte doch gerade noch Martha versichert, daß Lazarus wieder auferstehen würde und daß er, Jesus, die Auferstehung und das Leben sei. Wir können sicherlich nicht genau erkennen, was in diesem Augenblick in Jesus vorging; ihm war sicherlich bewußt, daß er durch seinen eigenen Tod dem Tod den Stachel nehmen würde, und dennoch, trotz dieser Gewißheit weinte er! Es war eine ganz normale, natürliche, gesunde Reaktion auf den Tod und auf den Verlust, den die kleine Familie erlitten hatte.

Darüber hinaus wird Jesus, unser Vorbild, prophetisch beschrieben als „...der Allerverachtetste und Unwerteste voller Schmerzen und Krankheit." [5] Dürfen wir dann nicht auch Schmerz und Trauer empfinden? Trauern heißt weder, daß wir nicht mehr die Hoffnung haben, den verlorenen Menschen wiederzusehen, noch heißt es, daß wir nicht darauf vertrauen, daß der geliebte Mensch sicher ist bei Gott. Trauer ist nichts anderes als unsere sehr reale Empfindung eines Verlustes.

Wir brauchen nicht so zu tun, weder uns selbst noch anderen gegenüber, als ob wir die kostbare und wichtige Beziehung, die nun zu Ende ist, nicht schrecklich vermissen. In einem Brief, den eine Witwe kurz nach dem Tode ihres Mannes schrieb, wird deutlich, daß Glaube und Trauer in einem Menschen durchaus nebeneinander existieren können. „Das Gefühl des Verlustes war so stark, daß der Schmerz alles andere überdeckte. Es tut einfach weh, wenn ich Dinge sehe, die ich mit ihm in Verbindung bringe oder wenn ich irgendwo bin, wo ich mit ihm war. Ich habe aber nicht den Eindruck, daß diese Zeiten weniger 'geistlich' sind als solche, in denen ich mich getröstet fühle... es ist, als ob die Persönlichkeit auf zwei Ebenen funktioniert – die eine ist der menschliche Schrei der Verzweiflung, und die andere ist die geistliche Einsicht, daß Gott mit allem nur mein Bestes will."

Während ich jetzt von all dem zehrte, was ich durch meine eigene Bibelarbeit und durch Predigten gelernt hatte, empfand ich es als beeindruckend, wie ehrlich die Bibel bezüglich der Realitäten unseres Lebens ist. Die Psalmen 42 und 43 zum Beispiel sind die Worte eines Mannes, der tief in einer Depression steckt, während Psalm 77 die Beschreibung eines Menschen ist, der sich von Gott im Stich gelassen fühlt. Ob wir wohl diese Psalmen einfach weglassen hätten, wenn wir die Bibel zusammengestellt hätten? Das ganze Buch der Klagelieder handelt von Trauer, aber nicht über den Verlust eines geliebten Menschen, sondern über die Zerstörung Jerusalems.

Auch Paulus wußte, was es heißt zu trauern und Sorgen zu haben: „...wo wir über die Maßen beschwert waren und über unsere Kraft, so daß wir auch am Leben verzagten", schrieb er an die Gemeinde von Korinth. Und später: „Denn ich schrieb euch aus großer Trübsal und Angst des Herzens unter vielen Tränen..." (2 Kor 1,8; 2,4).

Wie viele christliche Führungspersönlichkeiten waren wohl demütig und offen genug, solche echten menschlichen Empfindungen von sich selbst preiszugeben? Die Bibel ist oft viel realistischer als wir selbst. Sie erkennt sowohl Traurigkeit als auch Freude an, sowohl Dunkelheit als auch Licht; Zeiten, in denen wir niedergeschlagen sind und solche, in denen wir uns gut fühlen; sowohl Schwäche als auch Stärke.

Nicht nur im Zusammenhang mit Trauer müssen wir uns vor der irrigen Vorstellung hüten, daß das Leben eines Christen nur ein siegreicher Spaziergang im Sonnenschein ist. Es ist ganz wichtig, daran zu denken, wie realistisch die Bibel unsere Erfahrungen von seelischen und geistlichen Schmerzen betrachtet. Sogar Jesus selbst mußte sich gegen solche falschen Vorstellungen zur Wehr setzen: immer wenn er seinen Anhängern erklärte, daß Gott sein Volk durch Leiden und Tod erretten werde, verstanden sie ihn nicht. Diese Sichtweise paßte nicht in ihre Vorstellung von dem starken Mann, der sie zum militärischen Sieg über ihre Feinde führen sollte. Aber sie irrten sich.

Gottes Weg führt so oft durch das Dunkel des Leides, der Schmerzen, des Mangels und der Trauer, und gerade dort begegnen wir ihm oft in so wunderbarer Klarheit. Wir wachsen durch Leid nur dann, wenn wir uns ihm wirklich aussetzen, und die tiefe Wunde, die Trauer reißt, kann nur geheilt werden, wenn wir die Schmerzen erfahren, die diese Wunde verursacht. Die Gespräche, die Tränen und die Erinnerungen, die immer wieder kommen, sind ein entscheidender Bestandteil des Heilungsprozesses, dieses Prozesses, an dem Gott wirklich Anteil hat. Dr. Everett Koop und seine Frau schrieben nach dem Tod ihres Sohnes durch einen Unfall beim Bergsteigen über die Realität des Trostes durch Gott, nachdem sie ihren Schmerz zugegeben hatten:

„Wenn es keinen Schmerz, keinen Kummer, keine Fragen und keinen Zweifel gäbe, wie sollte Gott dann seine Liebe zeigen, seine lebenserhaltende Kraft und seine Nähe und Teilnahme an jeder Kleinigkeit im Leben seiner Kinder." [6]

Ich machte die Entdeckung, daß ich langsam Heilung erfuhr, als ich es wagte, meiner Trauer in ihrer ganzen Tiefe Ausdruck zu verleihen:

Beredte Tränen
Ich bin mit meinen Worten am Ende
Und nun spricht mein Weinen
Von diesen starken Empfindungen:
Komplex, widersprüchlich,
Drängen sie sich durch den Schallschutz
Meiner Seele
Und werden ein klarer, fließender Strom.
Schmerz, Zorn, Verwirrung,
Trauer, Liebe –
Vermischen sich,
Bringen Heilung,
Reinigung,
Erleichterung.

Um ehrlich zu sein – ich habe niemals gedacht, daß es sich für einen Christen nicht gehöre zu trauern. Aber es gibt Aspekte des Trauerns im allgemeinen und in meiner Trauer speziell, die mir wirklich Schwierigkeiten bereiteten und die in mir eine Suche auslösten.

7
Eine andere Art von Trauer?

Es scheint so, als bedrohe ein schwerer Verlust die Identität des Überlebenden. Im wahrsten Sinne ist ein Teil von uns gestorben – der Teil nämlich, der für die Liebe des anderen vorgesehen war. Es ist ein Gefühl der Unvollständigkeit, und da ist dieses Wissen, daß das Leben nie mehr so sein wird wie es einmal war. Es scheint fast so, als werde uns erst ganz klar, was uns der geliebte Mensch bedeutet hat, wenn er nicht mehr da ist. Während die Tage und Wochen nach Mads' Tod vorüberzogen, wurde mir erst klar, was das eigentlich für eine besondere Freundschaft gewesen war, die mich und Mads verbunden hatte. Es waren keine Worte mehr nötig gewesen, um Gedanken und Gefühle mitzuteilen. Wir hatten diese kostbare Vertrautheit gehabt, in der man weiß, daß der andere einen in- und auswendig kennt und dennoch an einen glaubt und einem vertraut.

Obwohl sich sonst niemand für einen zu interessieren scheint, ist da wenigstens dieser eine Mensch, der glaubt, man sei etwas wert und der sich für alles interessiert, was man tut, denkt und fühlt. Und mehr noch, da ist jemand, der es wagt, einem Fehler und Schwächen zu sagen. All das war unsere Freundschaft, einmal abgesehen von der normalen Freude an der Kameradschaft, den gemeinsamen Interessen, Freunden, Hoffnungen und Ängsten.

Als ich an dem Tag, als Madeleine gestorben war, viele ihrer Freunde anrief, um es ihnen mitzuteilen, war ich überrascht, als einer nach dem anderen sagte: „Danke für alles, was du für sie getan hast." Als dann die Beileidsbriefe kamen, machte mich besonders einer von ihnen stutzig: „Danke für all Deine Sorge um sie, besonders in diesen letzten Monaten. Mir ist klar, was das alles Dich gekostet hat – auch wenn Du es gern und bereitwillig getan hast – und ich lobe und preise Gott, daß er Dir genug Gnade und Kraft dazu gegeben hat." Mir wurde klar, daß ich eine Art „Repräsentantin" war, die stellvertretend für Madeleines viele Freunde gehandelt hatte.

Wohl niemand kann das Geheimnis ergründen, was es ist, das manche Menschen so innig verbindet. Genausowenig ergründbar ist der Schmerz, der entsteht, wenn solche Verbindungen gelöst werden, sei es durch den Tod oder durch andere Umstände. Aber trotzdem hatte ich in meinem eigenen Verlust das starke Bedürfnis zu erklären, was Madeleine mir als Freundin bedeutet hatte.

Ich hatte nämlich den Eindruck, daß die Menschen in meiner Umgebung es verstanden hätten, wenn ich meinen Mann, mein Kind, meine Mutter, meinen Vater, einen Bruder oder eine Schwester verloren hätte. Mir schien es manchmal so, als versuche man mir zu verdeutlichen (direkt oder indirekt), daß Trauer um eine Freundin weniger tief sein dürfe als Trauer um Verwandte. Ich begann über Freundschaft allgemein nachzudenken.

Ich mußte jetzt feststellen, daß die Leute meine Trauer nicht nachvollziehen konnten, weil es nur sehr wenige Menschen gibt, die wirkliche Freunde haben.

In seinem Buch „Was man Liebe nennt" weist C. S. Lewis darauf hin, daß, wo sonst Freundschaft als „glücklichste und menschlichste aller Arten der Liebe betrachtet wurde,…die moderne Welt sie im Vergleich dazu als etwas ziemlich Nebensächliches außer acht läßt; sie nicht als Hauptgericht im Banquet des Lebens betrachtet, sondern als Zerstreuung; als Lückenbüßer und Zeitvertreib." Er fragt: „Wie ist es zu dieser Veränderung gekommen? Die erste und wohl einleuchtendste Antwort ist, daß nur sehr wenige Menschen die Freundschaft schätzen, weil nur sehr wenige sie erfahren."

Deshalb wird mir auch jetzt erst die Bedeutung dessen klar, was eine bestürzte Frau aus der Gemeinde zu einer gemeinsamen Freundin sagte: „Ich hatte nie einen Freund oder eine Freundin außer meinem Mann, und deshalb fällt es mir auch schwer nachzuvollziehen, wie Liz sich jetzt fühlt."

Vielleicht gibt es noch einen weiteren Grund dafür, daß echte Freundschaft immer seltener wird. Am Abend des Tages, an dem Madeleine gestorben war, fielen mir die Worte aus 2 Samuel 1,26 ein, und sie drückten genau das aus, was ich bis dahin nicht hatte in Worte fassen können: „Es ist mir leid um dich, mein Bruder Jonathan", sagte David, „ich habe große Freude und Wonne an dir gehabt, deine Liebe ist mir wundersamer gewesen als Frauenliebe ist."

Diese Worte konnten nur Gott gegenüber geäußert werden. Ich jedenfalls hatte nie gewagt, so etwas auch nur einer Menschenseele gegenüber zu äußern, aus Angst, mißverstanden zu werden. Und es hatte solche Mißverständnisse durchaus gegeben. Es ist natürlich rückblickend schwer zu sagen, wieviel davon wirkliche Verdächtigungen waren und wieviel unsere Sorge darüber, daß solch ein falscher Eindruck unserer Freundschaft schaden könnte. Aber das Problem war keineswegs aus der Luft gegriffen.

Es war Madeleine – ich bin immer schon ein wenig naiv gewesen –, die zuerst die Sorge ausdrückte, man könne meine täglichen Besuche im Krankenhaus vielleicht falsch interpretieren.

„Wie meinst du das?" fragte ich.

„Die Leute könnten denken, daß zwischen uns mehr ist als Freundschaft", antwortete sie.

„Dann sage ihnen doch, daß wir zusammen wohnen", war meine spontane Reaktion.

„Aber verstehst du denn nicht, daß sie dann in ihren Vermutungen nur noch bestärkt würden?" fragte sie irritiert.

Das war wirklich ein Problem. Eine Krankenhausstation ist ein öffentlicher Ort, aber manchmal war körperliche Nähe, ein zärtliches Streicheln das einzige, was Mads half, wenn sie besonders unter ihrer Angst oder Sorge litt. Sollte ich etwa eine Berührung mit der Hand oder eine Umarmung zurückhalten, nur aus Angst vor möglichen Mißverständnissen? Es ist doch allgemein bekannt, wie wichtig Körperkontakt für einen sterbenden Menschen ist. Als Mads dann in das Hospiz verlegt wurde, waren solche Fragen bald geklärt, weil das Pflegepersonal uns dort zu verstehen gab, daß sie die Beziehung richtig verstanden und sie so, wie sie war, akzeptierten. Darüber hinaus wurde ich ermutigt, mich so viel wie möglich an Mads' körperlicher und seelischer Pflege zu beteiligen.

Es ist traurig, daß „es anscheinend in der heutigen Zeit nötig ist, der Meinung zu widersprechen, daß jede feste und ernsthafte Freundschaft automatisch homosexuell sein muß", schreibt C. S. Lewis. [1] Und er fährt fort: „Im historischen Rückblick fordern doch nicht die sichtbaren freundschaftlichen Gesten unserer Vorfahren eine Erklärung, sondern die Tatsache, daß sichtbare Zeichen einer Freundschaft weitgehend ausgestorben sind."

Ich wünschte, ich hätte früher von John Whites Rat gehört: „...sei dankbar, wenn Gott dir Freundschaft-Liebe für jemanden deines eigenen Geschlechts schenkt. Übersieh fragende Blicke. Wenn die Leute meinen, es gäbe etwas zwischen dir und dem Freund, dann versuche nicht, ihm zu beweisen, daß er Unrecht hat...denn auf jede Freundschaft, in der Erotik und Freundschaft-Liebe zusammenfallen, gibt es hunderttausende von Liebesfreundschaften ohne einen Hauch von Erotik – außer in den unreinen Gedanken von neidischen Außenstehenden."[2]

Ich wußte, daß meine Beziehung zu Mads Freundschaft-Liebe war. Welche Haltung nimmt nun eigentlich die Kirche zu dieser Problematik ein? Es ist zwar traurig, aber wahr, daß es unglaublich viel Mißtrauen auch unter Christen gibt, das den alleinstehenden Christen das Leben unnötig schwer macht. Unter Nichtchristen wird es oft eher als normal betrachtet, wenn ein Mann und eine Frau zusammenleben, die nicht verheiratet sind, als wenn zwei Frauen oder zwei Männer zusammen leben. Andererseits hat die wachsende Öffentlichkeit homosexueller Gruppen auch unter Christen zu der Tendenz geführt, Rauch zu sehen, wo gar kein Feuer ist.

Erst vor kurzem hat der Gemeindepfarrer einer Freundin von mir geraten, ihrer Mitbewohnerin gegenüber in der Öffentlichkeit nicht zu freundlich zu sein. Warum? Heißt das, daß unverheiratete Leute dazu verurteilt sind, sich mit oberflächlichen Beziehungen zufriedenzugeben und nie die Chance zu bekommen, die Freude und Verbindlichkeit einer tiefen Freundschaft zu einem Mitglied des eigenen Geschlechts zu erleben? Vielleicht ist es einfach nötig, daß wir uns gegenseitig mehr vertrauen und respektieren. Auf jeden Fall aber sollten wir zunächst einmal das Beste vermuten, bevor wir auch nur einen Gedanken an das Schlechte verschwenden. Wir sollten andere mit Jesu Augen betrachten und „mitleidig, brüderlich, barmherzig und demütig" [3] mit ihnen sein.

Das Problem hängt doch im Grunde mit unseren Vorstellungen von Freundschaft allgemein zusammen. Martin Israel faßt die Eigenschaften einer liebevollen Beziehung zusammen als: „Vertrauen, Loyalität und die Bereitschaft, selbst zu geben, ohne etwas dafür zu erwarten", und er fährt fort: „Ein solcher Freund ist etwas ganz Seltenes, deshalb sollten wir uns glücklich schätzen, wenn wir zwei oder drei richtige Freunde haben." [4] Diese Eigenschaften und diese Art der Freundschaft können auch in einer Ehe existieren, das ist aber längst nicht immer so. Viele Eheleute haben nie die Freiheit einer Beziehung kennengelernt, die auf aufopferungsvoller Liebe beruht, die Liebe, wie sie in 1 Korinther 13 beschrieben wird. Dagegen erleben viele unverheiratete Menschen den Segen einer Beziehung, wie sie Martin Israel beschreibt. Aber solche Freundschaften, bestehen sie nun innerhalb oder außerhalb einer Ehe, fallen nicht einfach vom Himmel. Es ist doch durchaus denkbar, daß unverheiratete Leute, die die Erfahrung dieser Freundschaft-Liebe machen, erleben, daß es sich dabei um eine nicht fordernde, auf freier Entscheidung beruhenden Beziehung und Verbindlichkeit handelt und können so Wegbereiter sein.

Alle Beziehungen erfordern Arbeit, wenn sie etwas wert sind. Wir gehen Risiken ein, wenn wir uns jemandem vorbehaltlos anvertrauen, und wir müssen uns oft dafür entscheiden, noch mehr zu vertrauen, noch mehr zu lieben, uns noch mehr Mühe zu geben. Vielleicht ist man sich außerhalb einer Ehe der Verletzbarkeit von Freundschaft bewußter als innerhalb einer Ehe und ist deshalb aufmerksamer und gibt sich mehr Mühe. Es erfordert viel Entschlossenheit und Sensibilität, dieselben Erfordernisse auch innerhalb der Ehe zu erkennen und zu befolgen.

Vor ein paar Tagen, als ich in dem Haus, in dem ich wohne, die Treppe hinabging, wurde ich in eine Diskussion mit ein paar Kindern verwickelt: „Haben Sie Kinder?" wurde ich gefragt.
„Nein", erklärte ich, „dazu müßte ich erst noch einen Vati finden."
„Warum haben Sie denn keinen Mann?" wurde ich kurz darauf gefragt. Ja, warum eigentlich nicht? Ich erklärte, daß es einfach nicht genügend Vatis gäbe, und deshalb müßten einige Frauen eben ohne auskommen! Sie versprachen, jemanden für mich zu suchen – und ich hoffe nun, daß sie nicht jeden Mann ohne Begleitung einer Dame daraufhin ansprechen.

Ähnlich wie mir erging es zwei befreundeten Männern, die zusammen wohnten. Sie wurden von einem kleinen Mädchen aus der Gemeinde gefragt: „Warum habt ihr denn eigentlich keine Mutti bei euch zu Hause?" Wir lachen über solche kindlichen Verhöre und akzeptieren sie einfach. Muttis und Vatis und Kinder und Familien sind in der Gedankenwelt eines Kindes das Normale, aber wie steht es mit der Gedankenwelt des erwachsenen Gemeindemitgliedes? Es wird immer großer Wert auf die Feststellung der Tatsache gelegt, daß die Gemeinde eine große Familie sei, aber in Wirklichkeit ist es meistens nur eine Ansammlung einzelner Kleinfamilien. Es ist ganz sicher wichtig und gut, die Bedeutung der Familie hervorzuheben, besonders angesichts der herrschenden Tendenz, die Familie in der Gesellschaft abzuwerten. Aber wir müssen auch aufpassen, daß wir nicht all diejenigen aus der Gemeinschaft ausschließen, die nicht zu einer Familie gehören. Was ist mit all den Unverheirateten, Geschiedenen, Verwitweten, mit den alleinerziehenden Eltern? Oft entsteht der Eindruck, daß die Ehe das Normale ist und alle Alleinstehenden sich dagegen minderwertig fühlen. „Die Überbewertung der Familie in unseren Gemeinden hat manchmal dazu geführt, daß die Alleinstehenden sich noch stärker an den Rand gedrängt fühlen. Ich muß mich als 'kinderlosen Alleinerziehenden' bezeichnen, um dazuzugehören." [5]

Wenn die Gemeinden wirklich Familien Gottes sein wollen, dann muß jeder einzelne das Gefühl haben, daß er dazugehört und seinen Platz, seine einmalige Funktion und Aufgabe in dieser Familie hat. Wir müssen für Gelegenheit sorgen, Beziehungen aufzubauen und besonders die Alleinstehenden auch zu solchen Beziehungen ermutigen.

Vor kurzer Zeit war ich über dieses Thema im Gespräch mit einem Pfarrer und seiner Frau, denen es wirklich ein Anliegen war, sich um die alleinstehenden Leute in ihrer Gemeinde zu kümmern. Sie fragten: „Wenn wir sie nun fragen, ob sie ab und zu auf die Kinder aufpassen oder bei der Bewirtung bei Veranstaltungen helfen können, würde ihnen das denn das Gefühl vermitteln, sie haben etwas zu bieten?" Vielleicht, aber wahrscheinlich hätten sie eher den Eindruck, man versuche sie zu beschäftigen. Es müßte ein Weg gefunden werden, ihnen zu zeigen, daß die Gemeinde sie aufgrund dessen braucht und will, was sie *sind* und nicht aufgrund dessen, was sie *tun*.

Vielleicht klingt das zu vage oder vielleicht auch zu idealistisch (mit praktischen Vorschlägen kann man besser umgehen), aber das Wichtigste ist nicht, was wir für Alleinstehende tun bzw. nicht tun, sondern unsere innere Einstellung zu ihnen. Behandeln wir sie mit derselben inneren Haltung wie Verheiratete oder meinen wir, vielleicht nicht einmal bewußt, sie seien emotional unreif und verfügten über weniger Lebenserfahrung als Verheiratete? Nehmen wir sie ernst und erkennen, daß sie genau durch ihre Erfahrung des Unverheiratetseins (egal ob ledig, getrennt, geschieden oder verwitwet) Erkenntnisse und Gaben haben, die sehr wichtig für die Gemeinde sind? Und sind wir uns darüber im klaren, daß Unverheiratete genauso beziehungsfreudig sind wie Verheiratete?

Wir sollten unsere Haltung an dieser Stelle genau prüfen und wenn nötig durch den Heiligen Geist erneuern lassen. Für Alleinstehende sind die Möglichkeiten, innerhalb der Kirchengemeinde Beziehungen zu knüpfen, normalerweise äußerst rar. Und die Gelegenheit, Menschen des anderen Geschlechts kennenzulernen, sind nach der Konfirmandenzeit meistens gleich null. Frauenkreise und gelegentlich einmal ein Kreis von Männern sind in der Regel alles, was da innerhalb der Gemeinde geboten wird, obwohl die zunehmende Hauskreisarbeit an dieser Stelle Grund zur Hoffnung gibt. Vorausgesetzt natürlich, daß es den Mitgliedern ein echtes Anliegen ist, ehrliche, wichtige Beziehungen aufzubauen, in denen Unterstützung, Liebe, Vergebung und gegenseitige Anerkennung Bestandteile sind.

Die größten Widersacher eines solchen Ziels sind Organisation und Terminsucht!

Wie steht es im durchschnittlichen Gemeindeleben mit der Zeit, mit Gelegenheiten zu gemeinsamer Entspannung und Freizeitgestaltung? Wo kann man gemeinsam essen oder einen Sonntag ohne Kirche verbringen?

In Reihen nebeneinander zu sitzen und einer Bibelarbeit zuzuhören und dann zusammen zu beten, muß nicht unbedingt etwas mit Gemeinschaft zu tun haben, und es trägt kaum zur Entwicklung von Beziehungen zwischen einzelnen bei – außer daß da vielleicht der Gedanke aufkommt: „Er sieht heute bedrückt aus. Ich wünschte, wir hätten noch Zeit, miteinander zu reden." Ich finde es beachtenswert, daß eines der Themen, über die Jesus in der Nacht vor seinem Tode sprach, das Thema Freundschaft war. [6] Er war es auch, der den Begriff „Familie" erweiterte und alle einbezog, die ihm in Liebe und Treue folgten. [7]

Und Jesus selbst war auch unverheiratet. Aus dem Grunde war er nicht nur ganz frei, um seinem Vater ganz dienen zu können, sondern er war auch ganz frei, um tiefe, innige Beziehungen mit anderen Menschen aufzubauen. Dürfen wir als Alleinstehende nicht stolz darauf sein, an dieser Stelle seinem Beispiel zu folgen?

David Gillett schreibt über die Notwendigkeit, „auf den Ruf nach dem zukünftigen Reich Gottes, also nach der Familie Gottes zu reagieren."[8] Er erinnert uns daran, daß Jesus durch seine Lehre und sein Beispiel die Ehe *und* die Ehelosigkeit als normale Möglichkeiten dargestellt hat – das ist ein Teil der neuen Ordnung, die von Jesus Christus errichtet worden ist.

Manche sind zur Ehelosigkeit berufen, andere müssen sie annehmen und noch viel mehr sind alleinstehend durch Scheidung, Trennung oder Tod. „Leider können alleinstehende Menschen oft auf ihre Berufung für das Reich Gottes gar nicht mehr reagieren, weil sie durch die Grundhaltung ihrer Gemeinden gegenüber Alleinstehenden alt, einsam und verkümmert geworden sind."[9] Wahrscheinlich wird die Anzahl alleinstehender Gemeindemitglieder in den kommenden Jahren noch ansteigen. Das bedeutet auch eine große Chance. Es gibt in den Gemeinden genügend Raum und Betätigungsfelder für Alleinstehende.

Aber man ist in diesem Punkt oft geteilter Meinung: viele Leute meinen, daß es eher hinderlich ist, wenn man den Singles besondere Aufmerksamkeit schenkt, weil man sie dadurch zu einer „Randgruppe" in der Gemeinde macht und sie isoliert. Eine Gemeinde, die ich kenne, setzt für das Gemeindeleben lediglich zwei Schwerpunkte: Die Sonntagsgottesdienste und die Hauskreise. Es gibt keine Sonderbehandlung und keine speziellen Gruppen für Alleinstehende. Die Alleinstehenden sagen, daß sie sich ihres Unverheiratetseins weniger bewußt sind, wenn sie keine Sonderbehandlung erfahren, sondern einfach in den bestehenden Gruppen mitarbeiten. Natürlich muß hier jede Gemeinde für sich selbst herausfinden, welche Bedürfnisse vorhanden sind und welche besonderen örtlichen Gegebenheiten vorliegen. Wir können aber, egal in welcher Gemeinde wir sind, einander ermutigen, feste Beziehungen untereinander in allen Bereichen der Gemeinde aufzubauen. Verheiratete und Unverheiratete brauchen die Anteilnahme am gesamten Spektrum des Gemeindelebens. Alle müssen lernen zu geben und zu empfangen und die Herausforderung des Aufbaus von verbindlichen, vertrauensvollen Beziehungen annehmen. Es ist doch auch durchaus denkbar, daß viele verheiratete Menschen in ihrer Ehe einsam und auf den Kontakt mit alleinstehenden Menschen angewiesen sind. Alleinstehende können einen positiven Beitrag im Gemeindealltag schon allein dadurch leisten, daß sie da sind und jeden von uns daran erinnern, daß er ein Individuum ist, das Verantwortung für das eigene Wachstum und für unser Wachstum als Christen übernimmt.

Jeder Mensch ist einzigartig, jede Beziehung ist genauso einzigartig. Jeder Tod ist einzigartig und jeder Verlust ist einzigartig. Manchmal fragte ich mich, ob Madeleines Schwestern den Verlust wohl ebenso schlimm fanden wie ich, oder ob es für ihre anderen Freunde schlimmer war als für mich, denn ich hatte ja immerhin noch als Trost all ihre persönlichen Dinge in unserer Wohnung um mich. Das waren unkluge und auch unnütze Fragen, denn als ich ihre ältere Schwester besuchte, da *verglichen* wir unsere Trauer nicht, sondern wir erlebten sie gemeinsam, was für uns beide heilsam und tröstlich war. Es ist wirklich nicht unsere Sache zu beurteilen, ob der Schmerz, den ein Mensch empfindet, berechtigt oder unberechtigt ist. Schmerz ist Schmerz und verlangt nach Heilung. Wenn also in einer Familie ein Elternteil stirbt, so ist es für die Hinterbliebenen in jedem Fall hilfreicher, gemeinsam zu trauern, als zu versuchen, „tapfer" zu sein. Oft geschieht es auch, daß für die Trauer einer jungen Witwe oder eines jungen Witwers mehr Verständnis aufgebracht wird als für die Trauer der Kinder. Vielleicht liegt das daran, daß man annimmt, ihr Schmerz könne nicht so tief sein wie der des zurückgebliebenen Elternteils. Es ist aber unsere Aufgabe, alle zu trösten, die trauern und uns gegenseitig auch ganz offen im Schmerz beizustehen, wo es angebracht und hilfreich ist. Es gibt in diesem Zusammenhang aber noch einen weiteren Aspekt, denn einige der Menschen, die mir in meiner Trauer am wenigsten helfen und beistehen konnten, waren solche, die selbst schon einen solchen Verlust durchlitten hatten. Einerseits sagten sie: „Ich weiß genau, wie du dich jetzt fühlst", und andererseits: „Aber du hast ja keine Ahnung, was es erst heißt, den Ehepartner zu verlieren." Natürlich gibt es Parallelen und Ähnlichkeiten in der Trauer des einzelnen, aber jenseits dieser Ähnlichkeiten müssen wir die Trauer des einzelnen als sein Geheimnis stehenlassen und sie vorbehaltlos respektieren. *Jeder,* der schon einmal den Verlust eines geliebten Menschen durchlitten hat, egal ob es ein Freund oder ein Verwandter war, wird erkennen, wie treffend die folgende Zusammenfassung ist:

> *Niemand*
> *wie du.*
> *Damals*
> *die Freude.*
> *Jetzt*
> *der Schmerz.* [10]

Für mich wird das Geschenk der Freundschaft zwischen Mads und mir immer kostbar bleiben, trotz des Schmerzes, den die Trennung bereitet. Ich bin so dankbar, daß Gott uns dazu aufruft, tiefe Beziehungen gegenseitiger Liebe und Fürsorge einzugehen inmitten unseres „Alleinstehens".

Ich freue mich über die Möglichkeiten, die Alleinstehenden offenstehen, ein erfülltes Leben in der Beziehung zu Gott, zu anderen Menschen und zur Gemeinde zu führen. Ich glaube, wir haben der Familie Gottes viel zu bieten, und ich bete, daß sich Wege auftun, diese weitgehend ungenutzten Reserven freizumachen, damit Verheiratete und Alleinstehende *gemeinsam* zu dem hinwachsen, der das Haupt ist, Christus. [11]

8
Stillhalten lernen

„Langsam wird es jetzt aber Zeit, daß Liz darüber hinwegkommt", hatte eine Frau aus der Gemeinde einer gemeinsamen Freundin anvertraut, ungefähr drei Monate nach Madeleines Tod. Das verwirrte mich, aber irgendwie hatte ich auch das Gefühl, daran könne etwas Wahres sein. Ein halbes Jahr später wurde mir gesagt, viele Leute hätten den Eindruck, ich hätte viel zu lange getrauert.

„Faß deine Trauer in Worte" – das ist zwar ein guter Rat, aber wie lange sollte Trauer dauern? Diese Frage soll nicht den Eindruck erwecken, es gäbe da etwa eine Wahl, die gibt es – zumindest in den ersten drei Monaten – gewiß nicht. Eher das Gegenteil ist der Fall! Sie sollten sich nicht mit der Frage belasten (oder von anderen belasten lassen), wie lange Trauer im allgemeinen und Ihre im besonderen dauern sollte. Wer die Ansicht vertritt, wir sollten uns nach einer gewissen Zeit der Trauer zusammenreißen, der hat keine Ahnung vom Prozeß des Trauerns und sollte nicht weiter beachtet werden. Wenn Sie so tun, als seien Sie darüber hinweg, obwohl das eigentlich nicht so ist, kann das zu schlimmen Problemen führen.

Es kommen immer wieder Punkte auf den verschiedenen Wegetappen, wo wir die Möglichkeit der Wahl haben, ob wir jetzt einen bestimmten Aspekt der Trauer loslassen und den Weg fortsetzen wollen; aber, wie ich noch zeigen werde, ist es hier unglaublich wichtig, nichts zu überstürzen! Das St. Christophers Hospiz bietet eine Art Nachbegleitung für Angehörige oder wie in meinem Fall für Freunde von Menschen an, die dort gestorben sind. Ich werde immer dankbar sein für all die Hilfe, die ich dort erfahren habe. Es war für mich ganz wichtig zu wissen, daß ich jederzeit dort anrufen konnte, wenn Verzweiflung und Panik mich zu überwältigen drohten.

Und es waren die Mitarbeiter dort, die mir halfen zu verstehen, daß die Erholung von einem schweren Verlust sehr lange dauern kann. Zwei Jahre scheinen der Durchschnitt zu sein, aber Zahlen können hier auch irreführend sein.

Es ist oft hilfreich, Vergleiche zu benutzen, um über den Prozeß nach so einem Verlust zu sprechen. Genesung ist so ein Vergleich. Nach einer schweren Krankheit oder auch schon nach einer Grippe kann es sein, daß wir unser Selbstvertrauen verloren haben und daß „die Welt da draußen" richtig bedrohlich geworden ist. Wir fühlen uns plötzlich unsicher, ohne Vertrauen in uns oder andere Menschen. Genesung ist für jeden eine schwierige Zeit. Man ist nicht mehr so krank, daß man ständig Aufmerksamkeit benötigt, aber auch noch nicht gesund genug, um normal zu leben.

Es gibt Versuche und Fehlschläge – eines Tages mutet man sich vielleicht zu viel zu und muß mit den Folgen fertigwerden. Andererseits ist aber auch ein gewisses Maß an Anstrengung nötig, um die Scherben des Lebens wieder zusammenzubekommen, trotz der Angst, es könne irreparabel zerstört sein.

Es ist durchaus möglich, daß wir uns auf geheimnisvolle Weise von einem selbstbewußten, entscheidungsfreudigen Menschen in eine unsichere, verwirrte und zögernde Person verwandelt haben. Mit der Zeit entdeckte ich in mir „ein Kind", das jemanden wollte und jetzt im Rückblick wohl auch brauchte, der es von Verantwortung entlastete, Entscheidungen traf und ihm ganz allgemein die Last von den Schultern nahm, seinen Alltag zu verwalten.

Es wird auch fast immer geraten, kurz nach dem Verlust eines geliebten Menschen keine schwerwiegenden Entscheidungen zu treffen oder tiefgreifende Änderungen im Lebensablauf durchzuführen. Trauer ist eine so schwerwiegende Erfahrung, daß es unmöglich ist, gleichzeitig mit all den Empfindungen fertigzuwerden, die sie mit sich bringt. Es ist eine Wunde, die der menschlichen Seele zugefügt worden ist, und Wunden brauchen Zeit, um zu heilen. Es ist gut möglich, daß wir immer noch tiefer in diesen Trauerprozeß hineingeraten, wenn unsere Umwelt bereits wieder von uns erwartet, daß wir doch „langsam darüber hinweg sein" sollten.

Wir bewältigen gerade das Notwendigste – leben und arbeiten vielleicht – aber dann ist auch keine Energie mehr vorhanden. Das ist nicht weiter erstaunlich, wenn wir uns noch einmal vor Augen führen, daß Trauer *Arbeit* ist, und daß diese Empfindungen, die Trauer begleiten, auch unsere körperliche Energie verbrauchen.

Eine Nacht hat sich ganz besonders in mein Gedächtnis eingeprägt. Es war ungefähr vier Monate nach Madeleines Tod. Ganz plötzlich fand ich mich in einem Tumult von schrecklichem seelischem Schmerz wieder, als ich von Bildern aus einer Zeit überfallen wurde, in der Madeleine unter schlimmen Schmerzen gelitten hatte. Ich weinte die ganze Nacht, und als der Morgen dämmerte, war ich davon überzeugt, daß ich sofort in eine psychiatrische Klinik eingewiesen werden müsse. Das war eine der Gelegenheiten, bei der ich im St. Christophers Hospiz anrief und sofort eingeladen wurde, zu einem Gespräch vorbeizukommen.

Es war eine große Erleichterung, dort zu erfahren, daß, was ich erlebte, völlig normal war. Bei dieser Gelegenheit begriff ich zum ersten Mal, daß Trauer ein langer Prozeß sein kann und daß es für mich sehr wichtig war, mein eigenes Maß zu finden.

Es ist schon eigenartig, daß wir immer versuchen, so schnell wie möglich mit Krisen fertig zu werden und daß wir andere ermutigen, es genauso zu handhaben. Die Bibel sagt da etwas ganz anderes. Gott macht nichts in Hast und Eile, sondern er wirkt in die Tiefe. Er war darauf vorbereitet, 40 Jahre zu warten bis das Volk Israel endlich bereit war, das verheißene Land zu betreten. Jesus begann seinen Dienst der Verkündigung und Heilung erst im Alter von 30 Jahren, trotz der Tatsache, daß ihm für seine Arbeit nur drei Jahre blieben. In unserer „Instant-Zeit", in der wir vom Kaffee über Konserven und Tiefkühlgerichte alles schnell haben können, ist es nötig, daß uns ganz neu deutlich wird: das Wirken Gottes geschieht oft langsam und in aller Stille, aber es ist wirksam und dauerhaft. So ist es auch mit der Trauer, sie ist nicht einfach und schnell zu beheben, sondern sie ist ein Prozeß, der in uns durch den Heiligen Geist vollzogen wird. Das heißt: wir müssen warten lernen. Stillzuhalten, während Gott uns heilt, ist nicht einfach. Auszuhalten, bis er den nächsten Schritt deutlich macht, erfordert viel Mut. In der Dunkelheit abzuwarten, wenn wir nichts lieber täten, als es hinter uns zu bringen, erfordert Glauben und Vertrauen auf Gott, daß er den richtigen Zeitpunkt für alles kennt.

Die Bibel enthält viele Stellen über das Warten, Stillesein und Ausruhen. Ein Vers, auf den ich immer wieder zurückgreife, ist Psalm 46,11. Obwohl alles, was für Sicherheit und Stabilität steht (Berge und Hügel) bedroht oder gar zerstört werden kann, soll der Psalmist „still" sein und sich Gott zuwenden, der in dem Psalm als Zuflucht und als Stärke beschrieben wird.

Ganz am Anfang der Geschichte des Volkes Israel, als es nur aus einer Gruppe von Flüchtlingen aus Ägypten bestand, da saß es in der Falle zwischen den Truppen des Pharao auf der einen und dem Meer auf der anderen Seite. Es mußte etwas *unternommen* werden! Aber Gott ließ dem Volk durch Mose sagen: „Ihr werdet stille sein" (2 Mose 14,14). Ein paar Jahrhunderte später gab es noch einmal eine ähnliche Situation, in der der winzige Staat Juda von einem mächtigen Bündnis verschiedener Nationen bedroht wurde. Jesajas Rat für den König – „bleibe still" – muß allen Verantwortlichen politisch und strategisch völlig unsinnig vorgekommen sein. Der König wartete nicht auf Gottes Eingreifen, was die Eroberung seines Landes durch die Feinde zur Folge hatte.

Ein paar Jahre später läßt Gott in einer ähnlichen Situation Jesaja dasselbe sagen: „Wenn ihr umkehrtet und stille bliebet, so würde euch geholfen; durch Stillesein und Hoffen würdet ihr stark sein" (Jes 30,15). Und Vers 18 fügt hinzu: „Wohl allen, die auf ihn harren", die die Dunkelheit der Bestürzung, der Hilflosigkeit oder Trauer mit all ihren Fragen und Unsicherheiten aushalten und mutig auf den Zeitpunkt warten, wo Gott ihre Wunden heilen wird (Jes 30,26), nicht durch ihre eigenen Methoden oder durch provisorische „Erste-Hilfe-Maßnahmen", sondern still und gründlich. „Warten heißt, seinen Zeitpunkt und damit seine Weisheit zu akzeptieren". [1]

Als Israel viele Jahre nach Jesaja noch einmal jahrelang im Exil verbringen mußte, gab es wieder die gutgläubigen Optimisten, die zuversichtlich waren, daß sie diesmal nur für kurze Zeit aus ihrem Land vertrieben sein würden. Aber es dauerte 70 Jahre, bis Gott sicher war, daß sein Volk jetzt bereit war, ins eigene Land zurückzukehren und es wieder aufzubauen.

Auch im Neuen Testament wird immer wieder betont, wie wichtig es ist, sich Zeit zu lassen.

„Die Geduld aber soll ihr Werk tun bis ans Ende", schreibt Jakobus, „damit ihr vollkommen und unversehrt seid und kein Mangel an euch sei" (Jak 1,4). Ähnlich ist auch in 1 Petrus 5,10 die Rede vom „Danach": „Der Gott aber aller Gnade, der euch berufen hat zu seiner ewigen Herrlichkeit in Christus Jesus, der wird euch, die ihr eine kleine Zeit leidet, aufrichten, stärken, kräftigen, gründen." Gottes Geduld mit uns ist grenzenlos, und er ist behutsam mit den Zerbrochenen; er drängt uns nie, und wir sollten an dieser Stelle mit ihm zusammenarbeiten, indem wir uns selbst die Zeit zum Trauern und zum Wiederaufbau unseres zerbrochenen Lebens gestatten.

Was heißt es nun ganz praktisch, uns „Raum" zu lassen?

Das ist wohl bei jedem verschieden. Bei mir war es so, daß ich den zweifelhaften „Vorteil" hatte, allein zu leben, ohne Menschen, die von mir abhängig waren. Ich konnte mein Leben also relativ frei gestalten. Es ist sehr wichtig, jetzt herauszufinden oder auch wiederzuentdecken, was uns hilft, uns zu entspannen und, soweit man diesen Ausdruck hier überhaupt verwenden kann, was uns Spaß macht.

Ich bin zum Beispiel immer gerne gewandert und hatte das Glück, ein wenig Natur ganz in meiner Nähe zu haben. Ich muß zugeben, daß ich durch das Loch in einem Zaun kriechen mußte, um dorthin zu gelangen, außerdem war da auch noch ein Schild mit der Aufschrift „Privatgrundstück", aber obwohl der Eigentümer mich oft dort gesehen hat, hat er nie Einwände erhoben. Also wanderte ich mehrere Monate lang nach Madeleines Tod die ungefähr fünf Kilometer lange Strecke jeden Tag und beobachtete, wie das Korn wuchs und reif wurde, mit all den symbolischen Bezügen, die dieser Vorgang zum Geheimnis des Lebens nach dem Tod hat.

Außer der Tatsache, daß Bewegung ganz wichtig ist, um innere Anspannung abzubauen, die bei jeder emotionalen Unruhe entsteht, konnte ich während dieser Spaziergänge nachdenken und mich erinnern. Gleichzeitig setzte ich mich der beruhigenden, heilenden Schönheit und Harmonie der Natur aus, obwohl meine Empfindungen zu dieser Zeit noch wie abgestorben waren. Musik war damals und ist auch heute noch eine ähnlich wirksame Therapie für mich. Manchmal ist es gut, nur still dazusitzen und Musik zu hören – oder selbst zu musizieren. Das kann den inneren Heilungsprozeß fördern. Manchmal werden durch das Hören bestimmter Melodien tiefe, verborgene Empfindungen wieder aufgeweckt, und die Tränen beginnen zu fließen – aber auch das ist ein Teil des Heilungsprozesses.

Eine ähnlich wunderbare Art des Heilwerdens erlebte ich durch Lyrik. Seit meiner Schulzeit hatte ich kaum noch Gedichte gelesen, aber jetzt merkte ich, daß Gedichte Empfindungen und Bedürfnisse zum Ausdruck bringen konnten, die in mir begraben waren und die ich nicht selbst ausdrücken konnte. Besonders dankbar bin ich dafür, daß ich eines Tages einen Gedichtband von Ulrich Schaffer [2] auf dem Bücherregal einer Freundin entdeckte.

Eine Möglichkeit, uns selbst zu helfen, besteht darin, daß wir lernen, wann wir um Hilfe bitten sollen. Wie oft hatte ich das dringende Bedürfnis, einfach zu reden, mich von jemandem stützen zu lassen oder einfach einen Menschen in meiner Nähe zu haben. Oft redete ich mir ein, es selbst zu schaffen und mich nicht unterkriegen zu lassen, denn schließlich gäbe es ja noch mehr Menschen in meiner Situation. Irgendwann wurde mir dann klar, daß diese Haltung Stolz war, und daß ich etwas über gegenseitige Abhängigkeit lernen mußte: abhängig zu sein von Gott aber nicht unabhängig von anderen Menschen. „Die Hauptstütze für Gottes Trostreserven sind seine Leute".[3] Wenn wir nun darauf beharren, mit allem allein fertig werden zu wollen, dann schneiden wir uns selbst von seiner Fürsorge ab. Die Anzahl der Leute, bei denen man sich wohlfühlt und entspannen kann, wird wahrscheinlich recht klein sein, besonders in der ersten Zeit, wo es am schlimmsten ist. Aber es ist wichtig, diese paar Leute ausfindig zu machen und sich an sie zu halten.

In Gesellschaft zu sein, kann am Anfang unglaublich anstrengend sein, und ich fand es in den ersten Wochen nach Mads' Tod hilfreich, wenn Besuche oder andere Unternehmungen mit Leuten relativ kurz waren. Mein erster Versuch in dieser Richtung war ein Mittagessen bei einer kleinen Familie. Die zwanglose Unterhaltung beim Essen lief ganz gut, und ich nahm die Einladung an, noch zum Kaffee zu bleiben. Aber im Laufe des Nachmittags wurde ich immer erschöpfter, und als wir uns an den Kaffeetisch setzten, war ich den Tränen nahe. Weil ich die Familie nicht besonders gut kannte, versuchte ich die Fassung zu behalten, aber das kostete mich unglaubliche Mühe und Anstrengung. Am hilfreichsten waren die Freunde, die erreichbar waren, wenn ich ganz plötzlich das dringende Bedürfnis hatte, jemanden zu sehen, und mit denen ich dann einfach so zusammensitzen oder spazierengehen konnte – oft ohne zu reden –, das waren wirklich unschätzbare Freunde.

Es ist *wirklich wichtig,* sich nicht durch Zurückgezogenheit in eine Isolation zu manövrieren, aber es ist von entscheidender Bedeutung, sich selbst Raum zuzugestehen, um mit dem Verlust umzugehen, alte Wertigkeiten zu überprüfen und wieder aufzubauen, was durch den Verlust zusammengebrochen ist. Das ist nicht leicht, wenn man sich noch um eine Familie kümmern muß oder wenn beide Ehepartner um ein Kind trauern, das sie verloren haben. Aber egal, wie die Umstände sind, es besteht immer die Versuchung, die Lücke zu füllen, bevor wir gelernt haben, mit ihr zu leben; die Leere auszuschließen, bevor wir wirklich mit ihr umgegangen sind und vor der Realität und dem Schmerz wegzulaufen, indem wir uns in die Alltagshektik begeben. Ich selbst habe damals versucht, das Loch zu füllen, indem ich anderen Menschen half. Nachdem ich mich so lange jeden Tag intensiv um Madeleine gekümmert hatte, empfand ich eine riesige Lücke, und ich verspürte eine große Leere.

Erst viel später wurde mir klar, daß es zwar in Ordnung ist, anderen Menschen zu helfen, daß aber das Motiv für meine Hilfsbereitschaft falsch war, denn ich versuchte dadurch die Wunde zu ignorieren, die mir Mads' Tod zugefügt hatte. Ich mußte zunächst einmal begreifen, daß diese Wunde geheilt werden mußte, bevor ich andere trösten und ihnen wirkliche Hilfe sein konnte.

Unbewußt war ich von dem falschen Gedanken geprägt, daß es unchristlich ist, sich für sich selbst Zeit zu nehmen, und daß es wichtiger ist als alles andere, im Dienst für den Herrn zu stehen. Es ist daher kaum verwunderlich, daß meine Versuche in dieser Richtung sehr dürftige Ergebnisse aufwiesen und mich emotional auslaugten.

Gott kennt unsere menschliche Gebrechlichkeit und hat Erbarmen mit uns, besonders dann, wenn wir ihm unsere Schwäche ganz offen bringen:

Herr, ich bin zwei Menschen, und einer von ihnen sehnt sich
danach, Dir von Herzen zu dienen, und einer hat Angst:
Hab Erbarmen mit mir,
Herr, ich bin zwei Menschen, und einer will unermüdlich arbei-
ten, aber der andere ist schon müde:
Hab Erbarmen mit mir.
Herr, ich bin zwei Menschen, und einer weiß um das Leiden
der Welt, aber einer kennt nur sein eigenes:
Hab Erbarmen mit mir. [4]

Die einzige Möglichkeit, da hindurchzukommen ist, sich Zeit für sich selbst zu nehmen, es einfach zu wagen dazusitzen und nichts zu tun. Als jemand mir versicherte, es sei nichts Unrechtes dabei „stille zu sein", zusammen mit dem Rat: „Die Zeit wird bestimmt kommen, wo du anderen helfen kannst, aber soweit ist es noch nicht", wagte ich nicht nur, mir selbst Freiraum zu geben, sondern auch zuzulassen, daß Gott langsam aber stetig an mir arbeitete.

Uns selbst Zeit und Raum zum Heilen und Erholen zu geben, ist zu keinem Zeitpunkt so wichtig wie am ersten Todestag des geliebten Menschen. Wenn irgend möglich ist es klug, auch Zeit einzuplanen, in der man einfach still sein kann, um mit all den Erinnerungen fertigzuwerden, die unweigerlich kommen, und auch, umfür den geliebten Menschen zu danken. Aufgrund einer Veränderung in meiner Arbeit war ich an Mads' erstem Todestag nicht zu Hause und hatte kaum Gelegenheit, allein zu sein. Es blieb mir nichts, als einfach weiterzumachen, und mir war gar nicht klar, daß ich dadurch eine Flutwelle der Trauer zurückhielt, die irgendwann früher oder später durchbrechen würde. Es war ein warmer Frühlingsmorgen, ein paar Tage nach dem Todestag, als mein Abwehrsystem gegen Erinnerungen die ersten Risse zeigte. Alles, was mich ein Jahr zuvor noch getröstet hatte – sich öffnende Knospen und singende Vögel – das alles schien mir jetzt wie Hohnlachen auf meine Trauer. Weder machte es mir deutlich, wie lieb Gott mich hatte, noch brachte es mir Mads näher. Vielmehr weckte es in mir das Gefühl der Leere und Verlassenheit.

Den Rest des Tages versuchte ich, möglichst ununterbrochen beschäftigt zu sein, um die volle Wucht der Trauer zurückzuhalten, denn ich hatte das Gefühl, sie würde mich zerstören, wenn ich sie zuließe. Das wiederum erforderte all meine emotionale Kraft, und ich war völlig erschöpft. Schließlich am Nachmittag versuchte ich, dem Kampf zu entgehen, indem ich mich ins Bett zurückzog. Ich schlief zwar ein, aber als ich wieder aufwachte, war ich völlig durcheinander: Ich war ganz sicher, daß ich noch in unserer gemeinsamen Wohnung wohnte, aus der ich kürzlich ausgezogen war, daß Mads noch lebte, und daß ich mich sofort auf den Weg zum St. Christophers Hospiz machen müßte, um sie dort zu besuchen. Ganz langsam machte die Verwirrung der Wirklichkeit Platz, als ich mich daran erinnerte, daß Mads tot war und nicht wiederkommen würde.

Es war ein Augenblick vollkommener, äußerster Panik und der Moment, in dem ich wirklich davon überzeugt war, verrückt zu werden. Nach ein paar Stunden ließ die Heftigkeit der Empfindungen nach, und ich hatte das dringende Bedürfnis, mit Mads „Kontakt aufzunehmen". Deshalb las ich zum Trost noch einmal die vielen Briefe, die sie in den letzten Monaten geschrieben hatte, als das Sprechen sie schon sehr angestrengt hatte. Und endlich ließ ich es zu, diese Zeit noch einmal zu durchleben, eine Aktivität, die ganz entscheidende Bedeutung hat bei der Verarbeitung von Trauer und in der man sich aus der Vergangenheit in die Zukunft bewegt.

Vor einiger Zeit schrieb mir eine Witwe, was sie am ersten Todestag ihres Mannes erlebt hatte:

„Unbewußt hatte ich einen 'Schutzpanzer' angelegt. Aber dann wurden die Zwischenräume zwischen den einzelnen Teilen des Panzers immer größer und am Wochenende hat es mich dann wirklich 'umgehauen'. Es ist, als ob es die ganze Zeit anschwillt und abebbt wie die Flut. Immer wieder glaubt man, wieder am Ausgangspunkt angekommen zu sein. Es scheint keine richtige Vorwärtsbewegung zu geben."

Für mich, und ich glaube, das gilt für viele, war der erste Todestag ein wirklicher Schritt heraus aus der Vergangenheit und ein weiterer Schritt zum Akzeptieren meines Verlustes. Damit verbunden war anscheinend, daß ich mein Alleinsein mit anderen Augen sehen konnte, es war eine andere Art von Schmerz, nicht leichter zu ertragen, aber wenigstens bedeutete es, daß ich jetzt die Wahrheit meiner Erfahrung annahm. Ich fing auch an zu begreifen, daß wir unseren Empfindungen mit mehr Respekt begegnen sollten.

An jenem ersten Todestag war ich gereizt, traurig, abwesend gewesen – diese Empfindungen waren ein dringlicher Appell an mich gewesen, „still zu sein", mir Zeit für mich selbst zu nehmen und meiner Trauer Raum zu geben.

Das mag nicht für jeden so zutreffen, aber ich habe entdeckt, daß Empfindungen und Intuition oft erstaunlich gute Wegweiser im Trauerprozeß sind. Das soll nun nicht heißen, daß wir uns nur von Empfindungen beherrschen lassen und den Verstand abschalten sollten, sondern daß wir den Gefühlen Raum geben sollen, daß sie *wirklich* einen Platz in unserem Leben haben. Das ist auch ein guter Rat für andere Situationen. Wenn ich zum Beispiel länger unter Arbeitsdruck und dem Druck von Menschen gestanden habe, dann sagt mir eine innere Stimme, daß es nun an der Zeit sei, mir Zeit für mich zu nehmen, zum Entspannen, Wandern, einen Wochenendausflug und Zeit, in der ich Gottes heilende Zuwendung erfahre.

Es kommt vor, daß wir uns die ganze Nacht im Bett hin- und herwälzen oder im Zimmer auf- und abgehen, während wir ein Problem zu lösen versuchen oder an einer Frage nagen, bis wir völlig durcheinander sind. Schmerz und Trauer werfen Fragen auf; einige davon sind vielleicht gar nicht zu beantworten, bei anderen kann es Monate oder Jahre dauern, bis wir zu einer vernünftigen Antwort gelangen. Das ist ein weiterer Grund, weshalb es so wichtig ist, daß wir die Fragen stellen und ruhig abwarten, bis sich Antworten herauskristallisieren und wir bereit sind, die Antworten auch anzunehmen. Das ist wenigstens meine persönliche Erfahrung mit einer der schwierigsten Fragen, die sich nach dem Verlust eines Menschen stellt: Gibt es einen Himmel?

9
Was hat es mit dem Himmel auf sich?

„Wo ist sie jetzt?" Ich empfand diese Frage zwar als merkwürdig, aber sie war das erste, was ich dachte, nachdem Madeleine gestorben war. Diese Frage kam wohl auch dadurch so prompt zustande, daß ich dabei war, als Mads starb und ihr Sterben nicht als schrecklich, sondern vielmehr als geheimnisvoll und ehrfurchtgebietend empfand; alles in allem überstieg es mein Fassungsvermögen. Es liegt ein himmelweiter Unterschied zwischen dem Augenblick des Noch-Lebens und dem des Totseins.

Was geschieht mit dem Geist, mit der Persönlichkeit des verstorbenen Menschen? Diese Fragen gehörten zu den schwierigsten, und sie waren es auch, die zu allerletzt beantwortet wurden.

Die Reise von Zweifeln und Fragen zum Glauben hatte erst mit der Geburt eines Kindes in meiner Verwandtschaft ein Ende. Was ist der Tod? Vielleicht ist das eine merkwürdige Frage, aber es ist eine Frage, die mich sehr beschäftigte.

Der wunderbare und sehr einprägsame Text des Liedes „Bright Eyes" schien genau mein sehnsüchtiges Verlangen nach einer Antwort auf meine Frage wiederzugeben, und es tröstete mich irgendwie, weil ich den Eindruck hatte, es gab da noch jemanden außer mir, der mit dem Geheimnis des Todes rang:

„Ist es ein Traum, der mit der Flut hinaustreibt...?" oder
„Ist es ein Schatten, der in die Nacht ragt?" und schließlich
„Und keiner weiß, wo er anfangen soll.
Und wohin gehst du, oh – in das Dunkel hinein?" [1]

Ich hatte eigentlich ursprünglich nie Zweifel an der Unsterblichkeit gehabt: Es war für mich einfach undenkbar, daß Madeleine als Persönlichkeit nicht mehr existieren sollte. Aber ganz plötzlich, gerade als die christliche Hoffnung auf den Himmel und auf die Auferstehung mir hätte Trost sein sollen im Schmerz über den Verlust, da empfand ich nur noch Leere. Ich fühlte mich wie der kleine Junge in einem der Texte von Rabindranath Tagore:

Sein Vater nahm ihn in die Arme, und der Junge fragte ihn:
„Wo ist Mutter jetzt?"
„Im Himmel", antwortete der Vater nach oben deutend.
...der Junge blickte nach oben und starrte lange schweigend dort-

hin. Sein bestürzter Geist sandte die Frage in die Nacht: „Wo ist der Himmel?" Es kam keine Antwort; und die Sterne schienen wie die brennenden Tränen der unwissenden Finsternis. [2]

Es war unglaublich. Ein paar Wochen vor Mads' Tod hatte ich ihr einen kurzen Brief geschrieben, nachdem ich die bekannten Verse in Offenbarung 21, 1-5 gelesen hatte. Ich empfand auf einmal eine tiefe Gewißheit, daß das wahr sei, was ich da las und schrieb aus vollem Herzen: „Was muß der Himmel für ein wunderbarer Ort sein! So wunderbar, daß er nur durch Verneinungen beschrieben werden kann: *keine* Krankheit, *keine* Schmerzen, *keine* Tränen, *keine* Trübsal."

Aber jetzt nach ihrem Tod erschienen mir diese biblischen Verheißungen so weit weg und unwirklich. Ich hielt zwar rein verstandesmäßig an ihnen fest, weil ich glaubte, daß die Bibel das Wort Gottes sei, aber gefühlsmäßig kam das nicht bei mir an, und ich empfand es als äußerst schwierig, in diesem Zwiespalt zu leben.

Ich glaubte, mit niemandem darüber sprechen zu können. Da stand ich nun – war Lehrerin an einer Bibelschule, Mitglied einer evangelikalen Gemeinde und hatte Zweifel daran, daß es so etwas wie den „Himmel" wirklich gab!

Es beunruhigte mich noch mehr, als ich ein paar Monate nach Mads' Tod Besuch von einem Mann bekam, dessen Frau kürzlich gestorben war. Seine Frau war auch Patientin in dem Hospiz gewesen, in dem Madeleine gewesen war, und zwei Monate nach Mads war sie gestorben. Wir hatten das Ehepaar recht gut kennengelernt, und sie wußten, daß Mads und ich zusammen beteten, wenn ich sie besuchte. Jetzt stellte mir der Mann dieselbe Frage, die auch mich so sehr bewegte: „Wo ist meine Frau jetzt?" Und er erwartete, daß ich auf diese Frage eine Antwort hatte. Ich erzählte ihm von meiner eigenen Unsicherheit, aber daß ich trotz aller Unsicherheit einfach glaubte, was in der Bibel steht, denn wir könnten eine Entscheidung treffen: Wir könnten uns dafür entscheiden zu sagen: „Ich glaube, hilf meinem Unglauben" (Mk 9,24).

Und noch während wir miteinander sprachen wurde mir deutlich, daß ich trotz meiner eigenen schmerzhaften Unsicherheit fähig war, mich zu diesem Mann zu stellen und seine Bestürzung und Verwirrung mitzutragen.

Es ist hilfreich zu wissen, daß es während des Trauerprozesses meistens eine Phase gibt, in der wir unsere gesamte Lebensphilosophie neu überprüfen, und wenn wir das mutig und ehrlich tun, dann wird unser Glauben dadurch gefestigt.

Ein schwacher Hoffnungsschimmer wurde für mich sichtbar, als ich mit Robert, dem Vikar meiner Gemeinde, über meine Zweifel sprach. Er meinte, daß wir eine wirklich existierende Person eher lieben können, als die Erinnerungen an einen Menschen. Liebe sei unzerstörbar, sie sei ewig und werde auch durch den Tod nicht beendet. „Das ist es doch auch, was mit der ‚Gemeinschaft der Heiligen‘ gemeint ist, oder?" fragte er.

Es ist doch merkwürdig, daß wir mitten in unserer Trauer und unserem Schmerz anscheinend ein großes Bedürfnis nach Wissen und der Erkenntnis der Wahrheit entwickeln. Weil ich noch ein relativ neues Mitglied der Anglikanischen Kirche war, wußte ich nicht genau, was der Satz „Ich glaube an die Gemeinschaft der Heiligen" in deren Glaubensbekenntnis zu bedeuten hatte. Nachdem ich darüber viel gelesen und nachgedacht hatte, kam ich zu dem Schluß, daß wir in der Anbetung denen am nächsten sind, die „in Christus" gestorben sind. „Am Altar haben wir Gemeinschaft mit allen Engeln und Erzengeln und den himmlischen Heerscharen, und weil wir hier Gott ganz nahe sind, sind wir hier auch den geliebten Menschen näher als irgendwo sonst."[3]

Wenn Jesus in unseren zwischenmenschlichen Beziehungen eine immer wichtigere Verbindung wird, dann kann diese Verbindung auch durch den Tod nicht zerbrochen werden. Das hat nichts mit der oft gestellten Frage nach Kontaktaufnahme mit den Toten zu tun, die ja die Bibel verbietet, und auch nichts mit dem Beten durch oder zu den Heiligen. Gott bleibt der Mittelpunkt unserer Anbetung und Ziel und Empfänger unserer Gebete.

Die „Gemeinschaft der Heiligen" ist eine Gemeinschaft, deren Mitte die Anbetung Gottes ist – die Toten und Lebendigen vereinen sich im Lobpreis.

Dieser Gedanke brachte zwar ein wenig Trost, aber das war noch nicht genug. Ein weiterer Hoffnungsschimmer wurde für mich sichtbar, als ich mir ganz neu bewußt machte, daß das ewige Leben *jetzt* beginnt, in dem Augenblick, wo wir den Schritt vom Unglauben zum Glauben und zum verbindlichen Leben mit Jesus Christus tun. Dieser Gedanke, daß das ewige Leben schon jetzt uns gehört, wird besonders deutlich im Johannesevangelium, hervorgehoben z. B. in Johannes 5,24. Dort sagt Jesus: „Wahrlich, wahrlich, ich sage euch: Wer mein Wort hört und glaubt dem, der mich gesandt hat, der *hat* das ewige Leben und kommt nicht in das Gericht, sondern er *ist* vom Tode zum Leben hindurchgedrungen." Der Tod ist nichts anderes als der Übergang von einer Station des ewigen Lebens zur nächsten, „eine Phase auf dem Lebensweg". [4]

Ich hatte jetzt keine Zweifel mehr daran, daß der Tod nicht das Ende der Existenz bedeutet, aber wie sah die Existenz im Jenseits aus? Eines Tages wurde mir klar, daß ich mit meiner Unsicherheit bezüglich der Auferstehung und dem Jenseits viel mit den Menschen im Alten Testament gemeinsam hatte. Sie hatten keine klare Vorstellung vom Leben nach dem Tod. Nur ab und zu stellten sie Fragen in dieser Richtung, und besonders Hiob fragte sehnsüchtig: „Meinst du, ein toter Mensch wird wieder leben?"

Im Psalm 73 ringt der Psalmist mit demselben Problem: Er blickt auf das Leben und stellt fest, daß rechtschaffene Männer oft leiden müssen, während diejenigen, die keine Zeit für Gott haben, oft ein langes, wohlhabendes, sorgenfreies Leben zu führen scheinen. Das erscheint dem Psalmisten unfair und auch sinnlos, wenn es kein Leben nach dem Tod gibt, wo sich das Leben mit Gott als richtig erweist! Aber selbst angesichts seines Dilemmas gelangt der Psalmist an den Punkt, wo er bereit ist, das Problem scheinbarer Ungerechtigkeit Gott zu überlassen und einfach darauf zu vertrauen, daß Gott diese scheinbare Ungerechtigkeit ausmerzt.

Der größte Realist des Alten Testaments, der Prediger, lehnt sogar diese mögliche Lösung ab. Er beobachtet, daß die Ungerechtigkeiten im Leben selten zu Lebzeiten des betroffenen Menschen ausgeglichen werden. Der Tod zerstört die Guten und die Schlechten gleichermaßen, so daß (seiner Ansicht nach) alles vergeblich ist, wenn es jenseits vom Grab nichts gibt. „Es ist alles ganz eitel, sprach der Prediger, es ist alles ganz eitel!" (Pred 1,2). Aber ich entdeckte, daß er bezeichnenderweise nicht die absolut negativen Schlußfolgerungen zieht wie z. B. die modernen Philosophen es tun und wie auch ich versucht war zu denken, weil mir der Gedanke an ein Leben nach dem Tode ganz einfach zu unfaßbar war. Die positiv ausgerichtete Philosophie des Predigers ermutigt uns dazu, Gott und das, was er uns geschenkt hat – unsere Arbeit, unseren Besitz und unsere Beziehungen – *jetzt* zu genießen (Pred 3,12-13). Im Alten Testament werden auch an anderen Stellen, besonders in den Psalmen, ähnliche Gedanken zum Ausdruck gebracht: Die Freude an Gott ist völlig angebracht und in Ordnung, selbst angesichts von Leid und auch ohne die Sicherheit, daß nach dem Tode noch etwas kommt.

Deshalb versuchte ich jetzt, meine Erfahrung der Liebe Gottes und mein intensives Bewußtsein seiner Nähe gerade in meiner Trauer zu akzeptieren und es „zumindest für den Augenblick" zu genießen. Gleichzeitig verlor ich aber nicht die Hoffnung, daß er zu gegebener Zeit meinem Unglauben helfen würde.

Etliche Monate später verspürte ich erneut das Verlangen nach größerer Gewißheit, als ich folgende Sätze aus einer Rede von Helen Willans las, der Oberin des St. Christophers Hospiz: „Einige der größten Schwierigkeiten in unserem Leben entstehen durch unvermeidliche Unsicherheiten. Ich könnte meine Arbeit überhaupt nicht tun, wenn ich nicht glauben würde, daß unser Herr Jesus *auferstanden ist,* daß er unsere Trauer und unser Leiden *mitträgt,* und daß er bereits *vor uns den Tod durchlitten hat.* …Wenn ich miterlebe, wie ein Mensch seinen letzten Atemzug tut, dann kann ich einfach nicht glauben, daß das das Ende sein soll. Ich glaube wirklich, daß die Persönlichkeit dann befreit ist. Ich bin sicher, daß der Übergang zwischen dem Leben, das wir jetzt und hier leben, und dem erfüllteren Leben, das dann kommt, gar nicht so kompliziert ist, wie wir immer denken. Es ist kein Sprung über einen Abgrund, sondern unendlich viel sanfter und wunderbarer- …eine größere Veränderung, als unser sterblicher Verstand sich vorstellen kann. Ich bin überzeugt, daß dieser Weg sicher ist, denn Jesus ist ihn ja vor uns gegangen."[5]

Ich wußte, daß es nun Zeit war, meine Suche fortzusetzen und mich weiter um eine stärkere Gewißheit in bezug auf das ewige Leben zu bemühen.

Es war Ostern und meine Aufmerksamkeit galt zu dieser Zeit besonders Paulus' triumphierender Erörterung der Auferstehung der Toten in 1 Korinther 15.

Es war ganz klar: Die Christen von Korinth hatten ähnliche Zweifel wie ich, aber Paulus ist an dieser Stelle unerbittlich und felsenfest: „Gibt es keine Auferstehung der Toten, dann ist auch Christus nicht auferstanden, und ist Christus nicht auferstanden, so ist euer Glaube nichtig, so seid ihr noch in euren Sünden... Hoffen wir allein in diesem Leben auf Christus, so sind wir die elendesten unter den Menschen" (Verse 13,17,19).

Hier wird deutlich, daß wir an einem Punkt ansetzen müssen, dessen wir uns ganz sicher sind, und wir müssen gemeinsam mit Paulus sagen: „Nun aber ist Christus auferstanden von den Toten" (V. 20). Wenn wir aber glauben, daß Jesus vom Tod auferstanden ist, dann müssen wir logischerweise auch glauben, daß wir vom Tode auferweckt werden. Dem Herrn sei Dank dafür!

Aber da waren noch mehr Fragen, und die Christen von Korinth hatten dieselben Schwierigkeiten: „Wie werden die Toten auferstehen, und mit was für einem Leib werden sie kommen?" (V. 35). Diese Sätze spiegelten genau meine eigenen Fragen wider.

„Hat Madeleine einen neuen Körper oder ist sie eine Art Geistwesen?" Ich *mußte* darauf eine Antwort erhalten, um zur Ruhe zu kommen. Und plötzlich sprachen mich in der Guten Nachricht 2 Korinther 5,1-10 diese Zeilen so an, daß ich verstand und Antwort auf meine Fragen hatte: „Wir wissen: Wenn das Zelt, in dem wir jetzt leben, unser Körper, abgebrochen wird, hat Gott eine andere Umhüllung für uns bereit, ein Haus, das nicht von Menschen gebaut ist, und das in Ewigkeit bestehen bleibt. Solange wir noch auf der Erde leben, fühlen wir uns bedrückt und sehnen uns danach, mit dieser himmlischen Behausung umhüllt zu werden... Solange wir noch in diesem Körper leben, sind wir bedrückt und voller Angst. Doch wir wollen nicht von unserem sterblichen Körper befreit werden: wir wollen in den unvergänglichen Körper hineinschlüpfen. Was an uns vergänglich ist, soll vom Leben verschlungen werden."

Wie gut Gott uns doch versteht. Jesus hat oft mit Hilfe von Gleichnissen gelehrt, damit die Menschen, die ihm zuhörten, von alltäglichen Dingen auf geistliche Lehren schließen konnten. Für mich war der Vergleich der Auferstehung des Körpers mit einer kompletten neuen Garderobe, die wir erhalten, wenn wir die abgetragenen Kleidungsstücke unseres irdischen Lebens abgelegt haben, unglaublich hilfreich. In 1 Korinther 15 gibt es aber noch mehr solcher Vergleiche, die hervorheben, daß es trotz des Fortbestehens unseres geistlichen und leiblichen Körpers auch Unterschiede in seiner Form gibt: Viele Arten gibt es, die im Laufe ihrer Entwicklung ihre Gestalt völlig verändern, z. B. werden aus Samen Blumen oder Bäume. Bei einem Spaziergang entdeckte ich noch einen weiteren hilfreichen Vergleich: ein wundervoller Schmetterling verbringt einen großen Teil seines Lebens als unauffällige, häßliche Puppe – das scheint so unglaublich, ist aber eine Tatsache.

Oder wenn wir miterleben, wie aus einem Leben in Dunkelheit und Verzweiflung plötzlich ein Leben voller Freude und Hoffnung wird... deutet das nicht auch darauf hin, daß es eine noch wunderbarere Verwandlung nach dem Tode gibt?

Den letzten Schritt vom Unglauben zum Glauben in diesem Bereich machte ich fast zwei Jahre nach Madeleines Tod in der Weihnachtszeit, als ein Neffe von mir geboren wurde. Als ich das winzige Baby eine Stunde nach seiner Geburt zum ersten Mal sah, hatte ich eine ganz ähnliche Empfindung der Ehrfurcht wie bei Mads' Tod.

Sowohl die Geburt als auch der Tod sind unfaßbare Wunder; in beiden Fällen entsteht eine neue Form des Seins, der Existenz; das Baby lebte im Bauch der Mutter, umgeben von Wasser und ist dann auf der Welt; der sterbende Mensch tritt aus dieser Welt in eine andere Welt mit einer anderen Existenzform ein. Weder das eine noch das andere ist einfach zu begreifen.

Auf der Entbindungsstation, auf der mein Neffe geboren worden war, wurden von einem Kinderchor Weihnachtslieder gesungen. Eines enthielt die Zeile: „Er ward geboren, daß Menschen nicht mehr sterben." Als ich es hörte, mußte ich an ein Weihnachtsfest denken, als Mads und ich auf den Eingangsstufen des Krankenhauses gesessen und den Sängern zugehört hatten, die dasselbe Lied gesungen hatten. Wir hatten damals schon gewußt, daß Mads sterben würde, und die Liedzeile hatte bei mir eine Gänsehaut verursacht, aber weniger aus Angst, sondern vielmehr, weil ich es als Wunder empfand. Ein langer Weg voller Schmerz und Zweifel trennte diese beiden Weihnachtsfeste, aber nun war mein Glaube einer Prüfung unterzogen worden, und das hatte zu einer großen Sicherheit und Festigkeit geführt.

Sterben heißt verwandelt werden; die Persönlichkeit wird befreit, ist nicht mehr auf die Begrenzungen des Körpers beschränkt und gelangt jetzt zu ihrer ganzen Fülle. Der Tod ist das Tor zum Leben – zum Leben in Gottes Ewigkeit.

Eigentlich blieb jetzt nur noch eine Frage offen: Wann erhalten wir unseren Auferstehungsleib? Befindet Madeleine sich in einer Art Zwischenstadium, wo sie darauf wartet, oder hat sie ihren neuen Leib gleich nach ihrem Tod erhalten?

Während der Vorbereitung einer Bibelarbeit für eine Konferenz und besonders auch während ich die Bibelarbeit hielt, merkte ich, wie mich der Heilige Geist mit freudiger Überzeugung, mit der sicheren Hoffnung erfüllte, um die ich schon so lange gebetet hatte.

Die Bibelstelle, um die es in der Bibelarbeit ging, war 1 Thessalonicher 4,13-18 (davon war schon in Kapitel 6 die Rede). Im Neuen Testament ist oft davon die Rede, daß die Toten „schlafen", und in dieser Thessalonicherstelle tröstet Paulus alle, die sich um die „Entschlafenen" Sorgen und Gedanken machen.

Ich war überrascht, als mir klar wurde, daß es einen zeitlichen Zwischenraum gibt zwischen Tod und Auferstehung, daß die Toten und diejenigen, die bei der Wiederkunft Jesu noch leben, ihren Auferstehungsleib *gleichzeitig* bekommen. Es scheint also ein Zwischenstadium zu geben für diejenigen, die schon gestorben sind, einen Ort, wo sie warten, und wo sie wirklich „bei Christus sind, was auch viel besser ist" (Phil 1,23), aber sie warten dort immer noch auf die letzte herrliche Verwandlung und Vollendung.

Es gibt auch noch andere Möglichkeiten, wie man den zeitlichen Abstand zwischen Tod und Auferstehung verstehen kann, und ich möchte hier keine endgültigen dogmatischen Schlußfolgerungen ziehen, weil auch das Neue Testament hier nicht eindeutig Auskunft gibt. Vielleicht ist das entscheidende Wort des Trostes in Römer 8,35-39 zu finden, wo steht, daß nichts, nicht einmal der Tod, uns und unsere liebsten Menschen von der Liebe Gottes trennen kann.

Unsere geliebten Menschen, die gestorben sind, sind nicht nur sicher und geborgen in der Liebe Gottes, sondern sie erfahren diese Liebe vielleicht so wie ein kleines Kind, das in den Armen seiner Mutter völlig sicher und zufrieden schläft.

Aber auch wenn es „viel besser ist, bei Christus zu sein", so ist das noch nicht die ganze Wirklichkeit. Wie Zeit von den Toten empfunden und wahrgenommen wird, das wissen wir nicht. [6]

Nach meinem intensiven Bemühen um Gewißheit merkte ich nun, daß das für mich gar nicht so wichtig war; ich konnte Madeleine in die Hände des liebenden himmlischen Vaters geben und sie ganz loslassen. Dem Tod ist der Stachel genommen, er ist nicht mehr endgültig, auch dann nicht, wenn er unser letzter Feind geblieben ist, bis zu dem Tag, an dem Jesus Christus wiederkommt.

Die christliche Überzeugung ist eine *Hoffnung* und kein Wissen, das man irgendwie prüfen könnte; man kann die Hoffnung nur durch den Glauben bekommen. Menschen, die Trauernde trösten wollen, müssen sich darüber im klaren sein, daß in der Trauer oft „merkwürdige, ausgefallene Fragen" entstehen. Es ist wichtig, daß sie bereit sind, die Trauernden auf ihrer Suche nach Antworten zu begleiten, ohne über sie zu urteilen. Die Stärke des Glaubens bei einem Tröster und sein Vertrauen auf Gott können eine wunderbare Hilfe sein, wenn für einen Trauernden alles zusammenzubrechen scheint, was einmal unumstößlich sicher schien.

Teil III
Mit Trauernden umgehen

10
Was kann ich tun? –
Wege des Mit-Leidens

Ich nehme an, daß es Menschen gibt, die ihre Trauer ganz allein bewältigen, aber ich bin davon überzeugt, daß wir jede sich uns bietende Möglichkeit beim Schopfe packen sollten, um Trauernde auf ihrem Weg zu unterstützen und zu begleiten.

Solche Fürsorge und so ein Trost werden im günstigsten Fall dabei helfen, daß der Trauernde nach einer Weile neue Kraft und neuen Mut bekommt und weitermacht – nicht wie vor dem Verlust, sondern mit mehr Mut, Entschlossenheit, Kraft und Glauben.

Wenn jemand stirbt, dann trauert auch er. Er trauert um Verlust und Trennung, denn schließlich beinhaltet das Sterben ja, alles zu verlieren, sich von allem zu trennen, was einem kostbar ist und was man geliebt hat. Der Sterbende braucht Fürsorge und Unterstützung. Umgekehrt gilt das auch für diejenigen, die zurückbleiben, wenn ein Mensch stirbt. Sie müssen im wahrsten Sinne das „Tal der Todesschatten" durchschreiten, und sie brauchen Hilfe und Fürsorge, wenn sie die Erfahrung einer Auferstehung machen wollen.

Die heilende Liebe Gottes kann durch verschiedenste Menschen und auf ganz unterschiedliche Art und Weise vermittelt werden. Es gibt eine ganze Palette praktischer Hilfen, die eine wunderbare unausgesprochene Botschaft der Unterstützung und Liebe sein können, durch die der Trauernde erfährt, daß er mit seinem Schmerz nicht alleine ist. Das ist besonders wichtig, wenn dem Tod eine lange Krankheit vorausgegangen ist. Oft wurde monatelang Hilfe angeboten und geleistet, die dann nach dem Tod des Kranken urplötzlich aufhört. Die daraus entstehende leere Stille kann sehr viel schrecklicher sein als das Leben mit dem sterbenden Menschen. Was können wir nun tun, um in so einer Situation zu helfen?

Für die Hinterbliebenen ist die Beerdigung meistens die erste große Hürde, die sie überwinden müssen. Manchmal ist hier Hilfe nötig, um das alles zu bewältigen. Ich hatte an diesem Punkt eigentlich keine besonderen Schwierigkeiten und außerdem war ja Madeleines Familie noch da, aber es war fast schon zu spät, als mir klar wurde, daß ich dringend einen geeigneten Menschen brauchte, der während des Gottesdienstes neben mir sitzen würde.

Die beiden Mitarbeiter aus dem Hospiz, die mich zum Gottesdienst abholten, in der Kirche neben mir saßen und auch im Krematorium noch bei mir blieben, waren eine Gebetserhörung. Sie ermöglichten mir, das zum Ausdruck zu bringen, was ich während der ganzen Trauerfeier empfand, und ich bin sicher, daß ich alles in mich hineingefressen hätte, wenn die beiden nicht dagewesen wären.

Vielleicht klingt es ein bißchen merkwürdig, aber es interessierte mich brennend zu erfahren, wie die Anwesenden den Gottesdienst gefunden hatten, denn ich war von Mads' Familie gebeten worden, ihn zu gestalten. Ich hatte das wirklich gerne übernommen und es mir auch zugetraut. Erst hinterher kamen mir Zweifel. „Hätte Madeleine es so gerne gehabt?"

Es dauerte ein paar Wochen, bis ich die erste Reaktion hörte – die war das Warten aber auch wert gewesen. „Ich fand die Beerdigung sehr schön", sagte mir eine gemeinsame Freundin am Telefon. Und sie erzählte mir, daß sie einen Punkt im Leben erreicht hatte, wo sie nicht mehr fähig gewesen sei zu weinen. Sie habe in ihrem Leben so viel durchgemacht und gelitten, daß sie all ihre Trauer und Tränen in ihr Innerstes verdrängt und dort verschlossen gehalten habe. Aber nach der Beerdigung habe sie sich irgendwie von der Liebe Gottes angerührt gefühlt, und sie sei hinaus in die Einsamkeit gefahren und habe zum ersten Male seit Jahren wieder geweint – Tränen der Erleichterung, heilende Tränen.

Es ist für jeden Menschen wichtig zu wissen, daß die Beerdigung nicht das Ende, sondern erst der Anfang des schmerzlichen Trauerprozesses ist, und daß gerade nach der Beerdigung Unterstützung und Kontakte von den Trauernden am dringendsten gebraucht werden. Es erfordert ein wenig Umsicht und Einfühlungsvermögen, dem Trauernden deutlich zu machen, daß ihm Menschen zur Verfügung stehen, an die er sich wenden kann und die ihm sehr gerne helfen würden.

Bei mir persönlich war es so, und ich glaube, es gilt für fast alle Trauernden, daß Briefe unglaublich wichtig und tröstend sind. Besonders die Briefe, in denen etwas über Madeleine stand, halfen mir. Da stand nicht nur:

„Wir trauern mit Dir – Du bist mit Deinem Schmerz nicht allein", sondern wichtigere Dinge wie: „Wir haben sie sehr gerne gehabt, und sie wird uns fehlen." Es kamen auch Briefe von Freunden Madeleines, die ich nie persönlich kennengelernt hatte, und besonders einen vergesse ich bestimmt nicht:

„Wir haben uns im Büro kennengelernt. An ihrem ersten Arbeitstag stieß sie einen großen Stapel Ablagekästen vom Schreibtisch und beschriebene Blätter segelten durchs ganze Büro und bedeckten dann den Boden – sie war wirklich zerstreut."

Das war so typisch Mads, daß ich über diese Schilderung lachen mußte – eine sehr wichtige Wirkung des Briefes.

Ein Brief von Dr. Cicely Saunders bewegte mich durch seine Schlichtheit und Einfachheit. „Wir sind froh, daß wir für Madeleine sorgen durften im letzten Stadium ihrer Krankheit, und wir haben sie alle sehr bewundert."

Auch Briefe von meinen Freunden, die Mads nicht kennengelernt hatten, waren mir Hilfe und Trost. Solche Briefe brauchten gar nicht lang zu sein: „Ich bitte Gott, daß er Dir nah ist und Dich ganz festhält, damit Du wirklich spürst, wie lieb er Dich hat", das war alles, was mir eine Freundin auf einer kleinen Karte schrieb. In einigen Briefen war davon die Rede, daß Mads' Tod eine „glückliche Erlösung" sei. Das brachte mich wirklich auf. Ganz ähnlich war es einer Freundin von mir ergangen, deren Mann vor kurzem gestorben war. In einem Beileidsbrief stellte eine verwitwete Freundin ihr eine Art „Trauerfahrplan" auf, in dem aufgezählt und beschrieben war, was sie erleben würde und zu welchem Zeitpunkt. Das war zwar sicherlich gut gemeint, aber bei meiner Freundin rief der Brief nur Ablehnung hervor, weil sie meinte, ihre Situation und auch ihre Art zu empfinden sei ganz anders. Aber trotz des Mißgriffs war dieser Brief besser, als wenn die Freundin gar nicht geschrieben hätte.

Was kann man sonst noch als Hilfe anbieten? Wie können Gottes Liebe und sein Trost den Trauernden erreichen?

Anne Townsend, die mit der Frage zu kämpfen hatte, warum Gott den Tod mehrerer Missionare und deren Familien bei einem Unfall zugelassen hatte, schreibt: „Ich entdeckte neue Freunde, die sensibel waren für meine Verletzlichkeit in der Trauer. Gott schenkte mir mitfühlende Christen, die mich akzeptierten wie ich war: zerschlagen, verletzt und durcheinander... ich merkte, wie Gott durch die Liebe seiner Kinder für mich sorgte." [1]

Es gibt so viele praktische Möglichkeiten zu helfen. Eine Witwe oder ein Witwer mit kleinen Kindern freut sich bestimmt, wenn ihm jemand ein fertiges Mittagessen ins Haus bringt, beim Einkaufen oder Putzen hilft oder sich einfach ein paar Stunden um die Kinder kümmert. Leute, die nach dem Tod des Partners oder Freundes viel alleine sind, haben vielleicht Freude an einer Einladung zum Essen oder an einem Besuch – Wochenenden und lange Winterabende sind manchmal für Trauernde schwer zu verkraften.

All das ist im Grunde nichts weiter als die gute alte Nachbarschaftshilfe, die wir in unserem technologischen Zeitalter leider weitgehend vergessen haben. Es ist auch ein Teil der Art von Fürsorge, die die Bibel hervorhebt und lobt.

Ohne diese „tätige Liebe für Gott wird unser Leben als Christ, unsere Beziehung zu Gott und unser Gottesdienst wirklich fragwürdig." [2] Solche praktischen Dienste erfordern weder eine theologische noch eine psychologische Ausbildung, sondern Initiative, Mitgefühl und Liebe.

Auch Ausdauer und Beharrlichkeit sind wichtig, denn Unterstützung und Anteilnahme sind über einen längeren Zeitraum nötig. Oft handelt es sich eher um Jahre als um Monate. Ich bin Gott dankbar für all die Freunde, die regelmäßig schrieben. „Es kann eine große Hilfe sein, einfach zu wissen, daß es irgendwo irgendjemanden gibt, den es sehr wohl interessiert, ob ich lebe oder nicht. Und dieses Wissen braucht nicht mehr Aufwand und Mühe zu kosten als eine Postkarte." [3]

Eine Witwe, die ich kenne, bekam zum Beispiel monatelang nach dem Tod ihres Mannes jeden Abend einen Anruf. Eine sensible Freundin von ihr hatte entdeckt, wie gut es für alle Beteiligten ist, jeden Tag jemandem eine Freude zu machen, und der Gute-Nacht-Anruf machte der Witwe ihren Schmerz erträglicher.

Eine Freundin von mir hatte den Einfall, daß wir einmal in der Woche zusammen essen könnten, abwechselnd bei ihr und bei mir. Sie nannte diese Einrichtung den „Elizabethabend", und mir half er oft weiterzumachen in den langen Monaten, in denen ein Weitermachen so sinnlos schien und viele der Menschen, die am Anfang dagewesen waren, wieder in der Versenkung verschwunden waren.

Geburtstage und Jahrestage – besonders der erste Todestag – können erträglicher werden, wenn es jemanden gibt, der zeigt, daß weder der Verstorbene noch die Hinterbliebenen vergessen sind. Man vergißt so schnell, und weil ich aus meiner eigenen Erfahrung gelernt habe, schreibe ich mir solche Daten jetzt immer in meinen Geburtstagskalender. Egal, was wir an Hilfe anbieten, es ist von entscheidender Bedeutung, die angebotene Hilfe auch wirklich zu geben. Wenn das nicht mehr möglich sein sollte, dann müssen wir das dem trauernden Menschen offen und zu einem möglichst günstigen Zeitpunkt sagen. Es ist klüger, zunächst eine kleine Hilfe anzubieten und diese später auszuweiten, als viel zu versprechen und dann einen Rückzieher machen zu müssen.

Ein gedankenlos Gesagtes: „Ich schau nächste Woche mal rein", kann bei dem Menschen, der es sagt, ein „vielleicht" beinhalten, aber der Trauernde wird es wahrscheinlich als feste Zusage betrachten. Ich kann inzwischen lachen, wenn ich daran denke, wie mir eine Freundin damals versprochen hatte, zum Mittagessen zu kommen, bevor ich nachmittags aus dem Haus gehen mußte, um Verschiedenes zu erledigen. In der Wohnung, in der ich damals lebte, mußte ich mich immer entscheiden: Wenn ich die Türschelle hören wollte, dann mußte ich unten sein, aber um das Telefon hören zu können, mußte ich mich im oberen Stockwerk aufhalten. An diesem Tag arbeitete ich natürlich unten und freute mich auf die Ankunft der Freundin. Die Zeit verging, die Mittagszeit war längst vorbei und sie war nicht gekommen. Langsam wurde es Zeit für meine Besorgungen, und ich ging nach oben, wo ich vom Klingeln des Telefons empfangen wurde.

„Wo warst du denn?" fragte meine Freundin. „Ich habe den ganzen Vormittag versucht, dich anzurufen, um dir zu sagen, daß ich nicht kommen kann. Mein Wagen ist nämlich kaputt." Tränen der Enttäuschung liefen mir die Wangen hinab: Wenn Mads noch lebte, hätte sie das Telefon gehört. Und als ob das noch nicht genug gewesen wäre, stand plötzlich ein Handwerker im Zimmer. Ich wußte, daß er einen Wohnungsschlüssel hatte, weil er oben ein paar Anstreicharbeiten zu erledigen hatte.

„Es tut mir leid", sagte er mit verlegenem Blick. „Ich habe unten geläutet, aber keiner hat geöffnet."

Das brachte das Faß dann endgültig zum Überlaufen.

Wir sollten die praktische Seite des Dienens, über die wir gesprochen haben, nicht unterschätzen. Wir sollten daran denken, daß eine Zusammenfassung des praktizierten Glaubens im Neuen Testament auch beinhaltet, die Waisen und Witwen zu besuchen.[4] „Laß aus unserer Fürsorge neuer Mut für sie werden. Sage ihnen, daß dein Name Liebe ist", betete jemand, der für diejenigen bat, die körperlich, seelisch oder geistig leiden. Gott wirkt durch Menschen, und am besten wird seine Liebe vermittelt, indem wir die Lasten der Beladenen tragen helfen. Es gibt bestimmt in keiner Gemeinde auch nur einen Menschen, der nicht in irgendeinem Punkt einem Trauernden helfen kann.

11
Was soll ich nur sagen? –
Die Last der Hilflosigkeit

Trauer kann eine Erfahrung sein, die isoliert. Die bange Frage, die man sich vor dem ersten Zusammentreffen mit einem trauernden Menschen oft stellt, ist: „Was soll ich nur sagen?" Gleichzeitig merkt der Trauernde sehr genau, daß er der Grund für die Verlegenheit seines Besuchers ist. Aber es ist sehr schwierig, offen und anregend zu wirken, wenn man emotional auf einer ganz anderen Wellenlänge ist. Eine der verwirrendsten Nebenwirkungen von Trauer ist Widersprüchlichkeit der Empfindungen: Man möchte Ruhe haben und dennoch reden; man möchte nicht in Gesellschaft sein und braucht dennoch Menschen um sich herum; man möchte ausgehen und gleichzeitig zu Hause in der sicheren Umgebung bleiben, in der man noch die Nähe des Verstorbenen spürt. Man merkt sehr genau, daß die Mitmenschen es als schwierig empfinden, die Bedürfnisse zu erkennen, und einem selbst geht es nicht anders.

Dasselbe gilt auch für das, was Mitmenschen sagen: einerseits wünscht man sich als Trauernder nichts anderes als einfache, unverfängliche Konversation, aber andererseits möchte man im Grunde nur über das eine Thema sprechen, das momentan wichtig ist – über den Verstorbenen. Früher oder später wird es zu diesem Zusammentreffen zwischen dem Trauernden und dessen Freunden kommen, und es ist meiner Erfahrung nach am besten, dieses erste Zusammentreffen so früh wie möglich zustandezubringen. Colin Murray nennt den einzig guten Weg einer solchen Begegnung, indem er sagt: „Das Beste ist es, die verbalen Beileidsbekundungen so schnell wie möglich hinter sich zu bringen und dabei entweder von Herzen zu sprechen oder das Reden lieber ganz zu lassen. In einer solchen Situation gibt es nichts „Angemessenes" zu sagen. Triviale Redewendungen vertiefen nur die Kluft zwischen dem Trauernden und dem Besucher." [1]

Was wir letztendlich sagen, hängt teilweise sicher davon ab, in welcher Beziehung wir zu dem trauernden Menschen stehen. Es ist durchaus möglich, daß ein Händedruck, eine Umarmung oder eine andere wortlose Geste weit mehr ausdrücken als Worte.

Wenn schon ein geschriebenes Beileidswort dem Besuch vorausgegangen ist, kann das vieles vereinfachen.

Wenn ich heute zurückblicke, dann bin ich immer stärker davon überzeugt, daß diese ersten „Begegnungen danach" von entscheidender Bedeutung sind. Ich fühlte mich so zerbrechlich und verletzlich, besonders wenn diese Begegnungen im Rahmen größerer Veranstaltungen stattfanden, zum Beispiel im Sonntagsgottesdienst oder an meinem ersten Arbeitstag nach Mads' Tod.

Bemerkungen wie: „Ist es nicht schrecklich kalt?" wurden gefolgt von "Geht es dir auch gut?" Ich erinnere mich, daß ich bei einer dieser Gelegenheiten im Zustand inneren Aufruhrs einfach wegrannte. Ich merkte genau, daß die Situation meinen Mitmenschen Schwierigkeiten bereitete, daß ich ihr gesellschaftliches Gleichgewicht störte, aber ich wußte nicht, was ich hätte tun können, um es allen leichter zu machen.

Durch mein Weglaufen hatte ich an jenem Tag unabsichtlich der

Barriere meiner Trauer noch eine weitere hinzugefügt, und dadurch wurde meine Trauer noch schwerer zu ertragen; denn nun fühlte ich mich von den anderen noch mehr isoliert und entfremdet, auch von denjenigen, von denen ich eigentlich Hilfe und Unterstützung erwartet hatte. Es erfordert Mut und Entschlossenheit, sich nicht ganz von allen zurückzuziehen, besonders wenn Begegnungen mit anderen Menschen einen oft hilflos oder ärgerlich machen.

Es scheint Angst zu sein, durch die Menschen in einer solchen Situation zurückgehalten werden – Angst vor der Realität von Leid, Schmerzen und Tod, Angst vor dem Zeigen von Empfindungen und Angst davor, daß ihre Art zu trösten auf Ablehnung stoßen könnte.

„Nimm von uns die Angst, die uns gefangenhält, in der wir nicht auf andere zugehen und sie trösten können." [2]

Vielleicht wäre es viel einfacher, solche ersten Begegnungen und auch die folgenden ehrlich und offen zu gestalten, wenn wir sie durch Gebet vorbereiten würden.

Alles, was ein trauernder Mensch denkt und worüber er reden möchte, dreht sich um den geliebten Menschen, den er verloren hat – und genau diesem Thema versuchen viele der Menschen, die helfen wollen, aus dem Wege zu gehen.

„Sie hat angefangen zu weinen, und da habe ich schnell das Thema gewechselt", berichtete jemand aus der Gemeinde über seine erste Begegnung mit einer trauernden Frau. „Was soll ich denn sagen?" fragte mich ein anderes Gemeindemitglied, in dessen Hauskreis ein junges Ehepaar war, das gerade ein kleines Kind verloren hatte. „Gib ihnen Gelegenheit und die Freiheit, über das Kind zu sprechen", schlug ich vor. „Aber der Pfarrer hat gesagt, wir sollten das Kind auf gar keinen Fall auch nur erwähnen", entgegnete er erstaunt.

Ein Ehepaar, dessen einziger Sohn bei einem Unfall ums Leben gekommen war, erfuhr eine Fülle praktischer Hilfe. Aber erst, als ein Verwandter, der weit entfernt wohnte, zu einem kurzen Besuch kam und mit den Eltern über den verstorbenen Sohn sprach, brachen sie zusammen und sagten weinend: „Du bist der erste, mit dem wir über Tom sprechen." Jetzt, zehn Jahre später, ist es den beiden immer noch nicht möglich, miteinander über Tom zu sprechen, und ihr Schmerz scheint noch fast genauso intensiv zu sein wie kurz nach seinem Tod.

Wir müssen zwar vorsichtig sein, daß wir nicht zur falschen Zeit drängen, aber der Schmerz der Trauer wird Stück für Stück abgebaut, indem der Trauernde ihm in Form von Worten oder auch Tränen Ausdruck verleiht. Wie gut wäre es, wenn wir die heilende Wirkung von Tränen wirklich begreifen würden, wenn uns klar wäre, daß sie manchmal „nicht nur Zeichen von Kummer sind, sondern einer besonders intensiven Wahrnehmung von Schönheit und Freude entspringen, der Wahrnehmung von Liebe oder des einfachen Beisammenseins." [3]

Ich habe ein paar ganz besonders gute Erinnerungen an Gespräche in den ersten Wochen nach Madeleines Tod. Gespräche, die heilende Wirkung hatten und die nach und nach das Bedürfnis verblassen ließen, immer von ihr reden zu müssen.

Als ich ein paar Tage nach Mads' Beerdigung zusammen mit Bertha Leech an einem wunderschönen Frühlingsabend einen Spaziergang im New Forest machte, sagte Bertha plötzlich: „Mads hat jetzt all das hier und den Himmel noch dazu." Ich weinte auf der Heimfahrt, aber es war eine merkwürdige Mischung aus Traurigkeit, Wehmut und Freude. Bertha hatte genau das zum Ausdruck gebracht, was ich nicht hatte in Worte fassen können.

Dann war da noch der Besuch von Robert, ein paar Tage nachdem ich wieder angefangen hatte zu arbeiten. Er war gleich nach Madeleines Tod ins Hospiz gekommen, und ich hatte mich an seiner Schulter ausgeweint. Er hatte dabei ein sehr nasses Hemd zurückbehalten.

Diesmal kam er mit einem irischen Naturwollpullover bewaffnet (wie er mit später gestand), und seine ernsthafte Bitte, ihm Fotos von Mads zu zeigen, gab mir die Möglichkeit, über sie zu sprechen. Das war zwar schmerzhaft (sein wasserabweisender Pullover erwies sich als sehr nützlich), aber es war auch hilfreich und sehr tröstend. Fotos können ein guter Anknüpfungspunkt sein und ein Hinweis darauf, ob der Trauernde über den Verstorbenen sprechen möchte oder nicht.

Ich hatte das starke Bedürfnis, über die letzten Monate vor Mads' Tod zu sprechen. Ich wollte, daß alle Leute wußten, daß es keineswegs eine nur kummervolle, bedrückte Zeit gewesen war. Wir hat-

ten gelacht und Spaß miteinander gehabt, wir hatten neue Freundschaften geschlossen und auf wunderbare Weise die Liebe Gottes
erfahren, und ich hatte den Wunsch, daß alle das wissen sollten. Es
war zunächst mein Bruder und später auch meine Schwester, die
mir die „richtigen" Fragen stellten und die mir zuhörten. Während
der letzten schweren Monate von Mads' Krankheit hatten sie nicht
zur Verfügung gestanden, aber jetzt erlebten wir die Freude geteil-
ten Schmerzes gemeinsam.

Ich wollte mehr von Madeleine erfahren, denn ich hatte sie ja nur
zehn Jahre lang gekannt. Deshalb hörte ich besonders gerne ihrer
älteren Schwester zu, wenn sie von der gemeinsamen Kindheit
sprach. Eine ehemalige Kollegin von Mads kam einmal zum Mittagessen und erzählte von der Zeit, als sie und Mads gemeinsam ein
Büro gehabt hatten: „Eine ihrer kostbarsten Eigenschaften war
ihre Aufrichtigkeit. Die vermisse ich am schmerzlichsten", schloß
sie ihren Bericht.

Wir hatten beide einen Kloß im Hals, aber ich glaube, daß es für
uns beide tröstend war, unseren Schmerz miteinander teilen zu
können. Vielleicht waren all diese Gespräche auch deshalb so
besonders wichtig, weil Madeleine erst 41 Jahre alt war als sie
starb. Wenn jemand so jung stirbt, dann ist man leicht versucht zu
denken: „Was für ein nutzloser Tod, so ein junges Leben…" Wenn
man die Erfahrung macht, daß andere Menschen dieses so früh
beendete Leben geschätzt haben, lindert das den Schmerz. Aber
egal, wie die Situation konkret aussieht, das Bedürfnis zu reden
wird geringer, obwohl es ein paar Jahre dauern kann, bis man an
einen Punkt gelangt, an dem Erinnerungen eher kostbar als
schmerzlich sind.

Im Laufe des Trauerprozesses gibt es eine Phase, da „verliert" man
den geliebten Menschen; das ist eine Phase, in der man nicht mehr
den Eindruck hat, der Verstorbene sei da, in der man die Vergangenheit als ganz unwirklich empfindet. Das ist ein Teil des „Loslassens", aber es ist eine kummervolle Phase.

Ich bin dankbar, daß eine bestimmte Freundin bemerkte, daß dies
in mir vor sich ging, und daß sie sich eines Abends die Zeit nahm,
mit mir über meine und ihre eigenen Erinnerungen an Madeleine
zu sprechen; das half, diese Kluft zwischen Gegenwart und Vergangenheit zu überbrücken und gab mir Mut zum Weitermachen.

Wir sind in diesem Kapitel von den ersten Begegnungen mit Trauernden, mit denen jeder einmal zu tun hat, zu den Begegnungen gekommen, die nur die Menschen haben, welche näher mit Trauernden zu tun haben. Wenn jemand im Sterben liegt, dann sind flüchtige Bekannte als Besucher nicht unbedingt willkommen, und oberflächliche Konversation ist absolut unangebracht. Nur die nächsten und liebsten Angehörigen sind wirklich erwünscht. Genauso ist es bei Trauernden, besonders in den ersten Tagen nach dem Verlust und in besonders schwierigen Phasen des Trauerprozesses. Da wird intensive Anteilnahme denen vorbehalten sein, zu denen der Trauernde eine enge Beziehung hat (was nicht heißt, daß es sich immer um Familienangehörige handeln muß) oder die besonders gut zuhören können. Es kann sein, daß sie sich bei dem Trauernden melden, es ist aber auch möglich, daß sie einen Hilferuf des Trauernden bekommen. Was wird von ihnen erwartet und was sollen sie sagen?

Die kürzeste Antwort wäre: „Nichts", aber natürlich ist das nicht ganz so einfach. Wonach der Trauernde in erster Linie sucht, sind Menschen, die zuhören können. Das heißt, daß wir dem trauernden Menschen ohne eine vorbereitete Rede – ohne ein Konzept von dem, was gesagt werden muß, – gegenübertreten und ihn da abholen, ihm da begegnen sollten, wo er steht. Das heißt, wir müssen ihn als Person in seiner Einzigartigkeit erkennen, mit eigenen Reaktionen, wir müssen ihn auf die ihm eigene, angemessene Art trauern lassen.

Das heißt, ihn seinen eigenen Weg finden zu lassen und gleichzeitig unauffällig Unterstützung anzubieten und zur Verfügung zu stehen. Das kann bedeuten, daß man sehr wenig sagt und wenn man spricht, vielleicht nur eine Frage stellt, um den Trauernden zum Reden zu ermutigen. Es ist in solcher Situation eine starke Versuchung, Ratschläge zu geben oder über eigene Erfahrungen bzw. Erfahrungen von Bekannten zu sprechen – aber wenn man das tut, dann erfordert es äußerstes Einfühlungsvermögen.

Wenn ein Besucher dem Trauernden von einem Bekannten erzählt, der einen ebenfalls geliebten Menschen verloren hatte und nach ein paar Monaten bereits wieder aus „vollem Herzen Gott loben" konnte, dann kann das das letzte bißchen Zuversicht bei einem zerschlagenen, erschöpften Trauernden zunichtemachen, der kaum einen klaren Gedanken fassen, geschweige denn eine Anstrengung unternehmen kann.

Es kann ja sein, daß Gott manche Menschen fähig macht, nach kurzer Zeit wieder zu loben, aber er behandelt jeden Menschen anders. Viele müssen einen langen, dunklen Weg zurücklegen, bevor sie wieder Freude empfinden können. In der Bibel gibt es ein wundervolles Beispiel dafür, wie man es nicht machen soll. Im Buch Hiob erleidet die Hauptperson so ziemlich alles an Verlusten, was man sich vorstellen kann: Seinen gesamten Besitz und alle seine Kinder verlor er von einem Tag auf den anderen, und als ob das noch nicht genügt hätte, wurde er noch von einer abstoßenden Krankheit befallen, die ihn in die Isolation trieb. Drei Freunde kamen, „um ihn zu beklagen und zu trösten"[4], und sie waren anscheinend so schockiert über das, was ihrem Freund zugestoßen war, daß sie eine ganze Woche lang schweigend bei ihm saßen. Es war schließlich Hiob selbst, der das Schweigen brach. Vielleicht wurde er erst fähig, über seine Qualen und über seine Verwirrung zu sprechen, weil seine Freunde ihm ihre Solidarität durch das gemeinsame Schweigen vermittelt hatten. Man hofft als Leser, daß sie wirklich in Weisheit sprechen, als sie beginnen zu reden. Aber nein, statt sich auf Hiobs Seite zu stellen und sich in ihn hineinzuversetzen, in das Geheimnis seines ganz persönlichen Leidens, fangen sie eine Diskussion an, aus der schließlich eine Kritik an Hiob wird. Die Freunde gehen sogar so weit, daß sie die Echtheit von Hiobs Beziehung zu Gott in Frage stellen.

Wenn wir der langen, ausschweifenden Argumentation der Freunde folgen, dann merken wir schnell, daß sie sich im Alten Testament zwar gut auskennen, aber so in ihren eigenen Lehrmeinungen gefangen sind, daß sie gar nicht mehr merken, daß diese Meinungen auf Hiobs Situation gar nicht angewandt werden können. Sie bieten Hiob Rat an und Hiob versucht ihnen klarzumachen (zunächst geduldig, aber später bringt ihn seine Enttäuschung zu der zornigen Frage: „Wollen die leeren Worte kein Ende haben?"[5]), daß er zwar weiß, was sie sagen wollen, daß das aber auf seine Situation nicht zutrifft. Die „Tröster" jedoch können nicht zuhören, und sie begreifen nicht, was Hiob zu sagen versucht, nämlich: „Wo ist Gott in all diesem Leid und Elend?" Angesichts der Unergründlichkeit des Handelns Gottes, speziell im

Leben des Hiob und allgemein in seiner Welt, war wohl die einzig richtige und hilfreiche Reaktion der „Tröster" das schweigende Zusammensein, das sie Hiob anboten.

In seinem Vorwort zu einer Anthologie mit Texten zum Thema Leiden und Verlust schreibt Cicely Saunders: „Der Schrei nach einem Verlust verlangt und erwartet gar nicht unbedingt eine Antwort, sondern meist nur ein schweigendes Zuhören."[6]

So ein schweigendes Zuhören erfordert Mut, Demut und Glauben. Ich selbst habe erst kürzlich die Kraft dieser Art von Trost erlebt, in einer Situation, die eigentlich mit Verlust gar nichts zu tun hatte. Ein paar Tage lang hatte ich mit innerem Kummer zu kämpfen über etwas, das nicht zu ändern war. Weder ich noch sonst jemand konnte daran etwas ändern, es mußte einfach akzeptiert werden. Ich hatte Gott um die Fähigkeit gebeten, es anzunehmen und etwas Positives daraus zu machen, aber ich empfand nach dem Gebet keinerlei Erleichterung. Schließlich sprach ich mit einer Freundin darüber, obwohl ich wußte, daß auch sie dazu nicht viel würde sagen können.

Wir sprachen ein paar Worte über die Angelegenheit, aber mehr als alle Worte sagte der Blick, mit dem sie mich schweigend ansah. An ihren Augen konnte ich erkennen, daß sie wirklich Anteil nahm, sich aber gleichzeitig hilflos und unfähig fühlte. Aber gerade in dem Augenblick spürte ich eine Welle der Erleichterung und verließ sie kurz danach getröstet.

„Wenn wir uns einmal ehrlich die Frage stellen, welche Menschen in unserem Leben uns am meisten bedeuten, dann erkennen wir oft, daß es diejenigen sind, die, statt Ratschläge, Rezepte oder Lösungen anzubieten, unseren Schmerz teilen und unsere Wunden mit sanfter, zarter Hand berühren. Es ist der Freund, der mit uns in Augenblicken der Verzweiflung schweigen kann, der in Stunden der Trauer und des Verlustes bei uns bleibt, der es ertragen kann, nichts zu wissen, nicht heilen und nicht helfen zu können, der gemeinsam mit uns die Realität der Machtlosigkeit erträgt."[7]

Vielleicht können nur die Menschen wirklich Trost sein, die selbst erlebt haben, was es heißt, Hoffnungslosigkeit, Dunkelheit und Unbegreifliches zu ertragen und zu warten, bis Gottes befreiende Gnade davon erlöst.

Diese Eigenschaft, still sein zu können, die Fähigkeit, einen Leidenden in die tiefsten Tiefen zu begleiten, ist eine besondere Gabe, die vielleicht nur wenige Menschen haben, die aber von unschätzbarem Wert ist.

„Wir müssen allein weitermachen, wenn ein uns nahestehender Mensch von uns gegangen ist, aber wenn wir wissen, daß da ein Mensch ist, dem wir viel bedeuten und der da ist, wenn der Schmerz der Trauer unerträglich wird, dann können wir unser Leben mutig weiterleben." [8]

Natürlich hat man als Christ die Hoffnung, in der Gemeinschaft von Christen die nötige Hilfe und Unterstützung zu bekommen, sei es nun praktische Hilfe, Hilfe durch Zuhören oder durch Gebet. Das ist doch ein Teil des Auftrags „einer trage des anderen Last", [9] „denn wenn ein Glied (des Leibes Christi) leidet, so leiden alle Glieder mit." [10] Wenn wir unsere Lasten gemeinsam tragen, dann wird der Leib Christi auferbaut, und wir werden erfahren, was es heißt, wenn alle Glieder sich freuen. [11] Leider ist es aber nichts Ungewöhnliches, daß die Gemeinde als Leib Christi gerade in der Not nicht da ist.

12
Was ist mit der Gemeinde? –
Geteilter Schmerz

Teil der Gemeindefamilie zu sein kann sowohl ein Verderben als auch ein Segen sein. Früher oder später nach dem Verlust des geliebten Menschen wird man wieder in den Gottesdienst gehen, und gerade dann empfindet man den Verlust oft besonders stark.

Ich hätte es niemals geschafft, alleine wieder in die Gemeinde zu gehen. Eine Freundin bot mir an, mich abzuholen und im Gottesdienst neben mir zu sitzen. Noch bevor der erste Choral zu Ende war, kämpfte ich mit den Tränen. Vielleicht hätte ich einfach den Mut haben sollen, befreit zu weinen. Ich werde aber nie erfahren, wie die anderen Leute darauf reagiert hätten, weil ich den gesamten Gottesdienst tränenlos überstand. Ich fand die Konversation nach dem Gottesdienst unglaublich schwierig, und deshalb bestand sie auch in erster Linie aus Floskeln. Am darauffolgenden

Sonntag versuchte ich es wieder. Der Gottesdienst begann mit dem bekannten Lied:

Dies ist der Tag, dies ist der Tag,
den der Herr gemacht, den der Herr gemacht.
Wir wollen uns freu'n, wir wollen uns freu'n
und fröhlich sein und fröhlich sein.

Die Worte blieben mir förmlich im Halse stecken; ich konnte mich nicht freuen und selbst bei äußerster Willensanstrengung war es mir unmöglich, fröhlich zu sein. Als wir die Strophe zweimal gesungen hatten und uns nun vor dem dritten Durchgang gesagt wurde, wir sollten doch beim Singen in die Hände klatschen und auch mit den Gesichtern ausdrücken, was die Worte des Liedes besagten, da konnte ich einfach nicht mehr. Ich stand zwar den Gottesdienst noch durch, aber am darauffolgenden Sonntag ging ich nicht noch einmal das Risiko einer ähnlichen „Vorstellung" ein.

Die Wochen vergingen, und es erschien mir immer schwieriger, einen zweiten Anlauf zu machen und an einem Gottesdienst in meiner Gemeinde teilzunehmen. Schließlich wich ich auf eine benachbarte Gemeinde aus. Dort verlor ich mich in der Menge, empfand mich aber dennoch als Teil der Gemeinschaft wegen der gemeinsamen Liturgie und dem Erleben der Gegenwart Gottes, dem einzig Realen inmitten all dessen, was mir so unwirklich erschien.

Es passiert wohl jedem einmal, daß er zur Kirche geht und die Stimmung des Gottesdienstes entspricht absolut nicht der eigenen Stimmung. Wir können traurig sein, das Thema und die Atmosphäre des Gottesdienstes können aber Freude sein; umgekehrt ist es aber auch möglich, daß wir vor Glück überschäumen, die Choräle und die Predigt aber feierlichen Ernst widerspiegeln. Wie soll man darauf reagieren?

Zunächst und in erster Linie besuchen wir den Gottesdienst ja, weil wir Gott anbeten wollen, und das muß das Wichtigste bleiben. Anbetung beruht auf unveränderlichen Tatsachen und Gegebenheiten, und selbst wenn wir schlimmen Kummer haben und nicht in der Lage sind, etwas zu sagen oder gar zu singen, können wir uns doch richtig entspannen; die Tatsachen bleiben bestehen und Gott ist da.

Wie wir unsere Anbetung in einem solchen Zustand ausdrücken, ist eine andere Frage, aber gerade diese Frage ist meistens die Ursache für Schwierigkeiten.

Ich frage mich, ob der Schlüssel zu diesem Problem nicht bei der Frage nach Echtheit zu finden ist. Ich habe schon Gottesdienste besucht, in denen eine Atmosphäre der Freude herrschte oder wo Händeklatschen, das Erheben der Hände oder sogar Tanz sich ganz natürlich aus dem Zusammenhang der Anbetung entwickelten, ohne daß die Teilnehmer des Gottesdienstes dazu aufgefordert worden waren. Und obwohl ich mich oft nicht fähig fühlte, mitzutun – egal aus welchem Grund – konnte ich die heilende Gegenwart Gottes durch mich hindurchfließen lassen, einfach auf dem Wege der Anbetung der anderen. Es gab keine Versuche, jemanden dazu zu bringen, etwas nur äußerlich auszudrücken, und diese Sensibilität Gott und den Gottesdienstteilnehmern gegenüber vermittelte die Liebe Gottes und seine Fürsorge auf ruhige, sanfte und glaubwürdige Art und Weise.

Natürlich kann es auch Zeiten im Trauerprozeß geben, in denen es uns unmöglich ist, unsere Anbetung auszudrücken, und manchmal gibt es Phasen, in denen man nicht mehr glaubt, daß Gott da ist, zumindest scheint er unendlich weit weg. Für diesen Fall gibt Anne Townsend einen weisen Rat:

„Ein Verlust oder ein anderes Unglück kann uns tief erschüttern und unsere ganze Gefühlswelt auf den Kopf stellen. Unser geistliches Wesen ist durch unsere Empfindungen völlig vereinnahmt. Bis wir damit umgehen können, ist es durchaus möglich, daß wir mit dem geistlichen Aufruhr nicht fertig werden können, zumal er auch noch oft mit psychischer Unruhe einhergeht. Wenn das geschieht, dann tun wir gut daran, unseren emotionalen Verwundungen Zeit zum Heilen zuzugestehen und geistliche Verwirrung zunächst einmal stehenzulassen. Nach einer Weile werden wir wieder in der Lage sein, klar zu denken, ohne daß heftige Empfindungen unsere Gedanken ständig stören. Es ist nicht nötig, aus geistlicher Verwirrung wirklich psychische Probleme werden zu lassen." [1]

Ich glaube erstens, daß es sehr wichtig ist, regelmäßig an gemeinsamer Anbetung teilzunehmen, solange es uns irgendwie möglich ist. Ich erkannte erst im Schmerz und durch den Schmerz der Trauer die heilende Wirkung und Bedeutung des Abendmahls, das vom Sieg Jesu über den Tod zeugt, von seiner Vergebung; das uns Hoffnung vermittelt, seine stetige Liebe versichert und seine Macht, uns wirklich festzuhalten und zu tragen. Auch wenn ich manchmal nicht an Anbetungsgottesdiensten teilnehmen konnte, so machte ich es mir doch zur Pflicht, immer am Abendmahl teilzunehmen, wenn es angeboten wurde.

Zweitens glaube ich, daß ein trauernder Mensch oder ein Mensch, der einen großen Kummer hat, einen Anbetungsgottesdienst dann gut ertragen kann, wenn er die liebevolle Unterstützung durch Mitglieder der Gemeinde vor dem Gottesdienst erfahren hat.

Wenn der Schmerz oder das Gefühl der Einsamkeit schon durch ganz praktische Zeichen von Unterstützung oder durch schweigendes Zuhören gelindert worden ist, dann kann das Bewußtsein, unterstützt und verstanden zu werden, wirklich ein Teil der Familie Gottes zu sein, einen Menschen stützen und stärken, auch wenn er noch nicht in der Lage ist, voll in das Lob der Gemeinde einzustimmen.

Wenn nicht frühzeitig nach dem Verlust durch die Gemeinde signalisiert wird, daß man mitfühlt, wenn nicht rechtzeitig und behutsam Hindernisse aus dem Weg geräumt werden, dann besteht die Gefahr, daß der Trauernde sich ganz zurückzieht. Man ist als Trauernder so empfindlich und verletzbar, und das innere Chaos kann von einem Augenblick zum anderen aufbrechen. Deshalb scheut man instinktiv vor Situationen zurück, die dieses Chaos möglicherweise auslösen könnten.

„Wenn jemand eine tiefe Verwundung der Seele ausgehalten hat – und Trauer ist eine wirkliche seelische und emotionale Verwundung – dann neigt der Trauernde dazu, sein Herz zu verschließen und es zu verriegeln, damit er nicht noch mehr verletzt werden kann."[2]

Ich fürchte, genauso habe ich damals reagiert, denn mit der Zeit, als Leute aus meiner Umgebung wieder mit mir Kontakt aufnahmen, schien mich das nur noch mehr in Verwirrung zu stürzen – und das empfand nicht nur ich so, sondern auch meine Mitmenschen. Die erste offizielle Kontaktaufnahme von Seiten meiner Gemeinde durch den Gemeindeleiter fand erst ungefähr zwei Monate nach Mads' Tod statt, und zwar, wie mir später gesagt wurde, „weil wir das Gefühl hatten, du würdest vielleicht lieber erstmal in Ruhe gelassen werden."

Das war mir damals völlig unverständlich, aber anscheinend ist das eine ganz gängige Vorstellung. Dann kam jemand und brachte mir die Autobiographie von jemandem, der schweres Leid erlitten und überlebt hatte. Die Botschaft hinter diesem Buch lautete: „Wenn du nur immer Gott lobst, dann wird alles schnell wieder gut." Ich hatte das Buch schon gelesen und wollte es in der Phase meiner Trauer, in der ich es kaum ertragen konnte, wenn ich jemanden vom Unglück anderer Menschen reden hörte, auf gar keinen Fall noch einmal lesen.

Ich frage mich, ob die Ermahnung zum „Loben" nicht manchmal nur die „christliche" Form eines „Nun-reiß-dich-aber-mal-zusammen" ist. Die Zeit kommt immer, wo Gott uns wieder das „Gewand der Freude" anlegt, aber es gibt auch das Bedürfnis und die Notwendigkeit, ganz einfach „im Herrn zu ruhen."

Meine Reaktionen auf all diese Bemühungen waren der Heilung meiner „Trauerwunde" nicht gerade förderlich. Ich zog die Schlußfolgerung, daß ich die Leute einfach nicht interessierte, daß man mich vergessen hatte; daß irgendetwas an mir war, was sie abhielt zu kommen. Dann dachte ich, ich hätte alle vor den Kopf gestoßen, weil ich so viel Verwirrung und peinliche Situationen verursacht hatte.

In dem Augenblick, als es für mich besonders wichtig war, wirklich ein Teil der Gemeinde zu sein, fühlte ich mich von meinen geistlichen Wurzeln abgeschnitten. Ich empfand meinen Verlust nun noch umso stärker und ganz neu: Ich hatte von der Gemeinde erwartet, daß sie mir weiterhelfen könnte, stattdessen schien sie genauso hilflos mit der Situation zu kämpfen wie ich.

Es war ein schmerzlicher und erschreckender weiterer Verlust zu einem besonders wichtigen Zeitpunkt, aber ich glaube, daß das gar nichts Ungewöhnliches ist. Ich konnte wirklich froh sein, daß ich vom Hospiz noch fast ein Jahr lang nach Mads' Tod Unterstützung erhielt, wenn ich sie brauchte. Aber es ist doch eigentlich schade, daß die Aufgabe, die die Gemeinde hat und für die sie

auch ausgerüstet ist, oft von irgendwelchen Beratungsstellen übernommen werden muß. Warum versagt die Gemeinde bzw. die Kirche auf diesem Gebiet scheinbar immer wieder? Teilweise mag das
in dem begründet sein, was wir das Problem der falschen Vermutungen nennen. Wir neigen wohl alle dazu, uns gegenseitig in Schub-
laden zu stecken, die wir nie zu öffnen bereit sind. Wir sehen uns in
der Gemeinde in Sonntagsstimmung, und in Verbindung mit dem
Gemeindeklatsch machen wir uns daraus dann ein Bild. Menschen
werden unter verschiedenen Kategorien zusammengefaßt: stark
oder schwach, unabhängig oder abhängig, selbständig oder hilflos.
Nur ganz selten überprüfen wir, ob unsere Vermutungen wirklich
zutreffen, und anscheinend kommt es uns gar nicht in den Sinn, daß
ein Mensch, der uns stark erscheint, Hilfe brauchen könnte wenn er
von einem Unglück betroffen ist, daß er vielleicht mehr leidet, als
ein Mensch, den wir als schwach eingeordnet haben und der schon
unverhältnismäßig viel Unterstützung bekommt.
Und umgekehrt; haben wir es nicht auch schon alle einmal mit Ver-
wunderung entdeckt, daß jemand, den wir als verständnislos
abqualifiziert hatten, sich als großartige Hilfe und Stütze erwies?
All dies ist eine Darstellung des wirklichen Zustandes zwischen-
menschlicher Beziehungen in unseren Gemeinden. Aber das ist
noch längst nicht alles, was dazu zu sagen ist: „Wenn wir trauern,
dann suchen wir Antworten auf viele Fragen – aber oft bekommen
wir diese Antworten nicht – zumindest keine, die uns zufrieden-
stellen." [3]
Darin ist wohl auch die Hauptursache menschlichen Leidens
begründet. Christen *und* Nichtchristen sind gleichermaßen mit
der Angst vor dem Tod konfrontiert, mit der Angst, vor aller
Öffentlichkeit zusammenzubrechen, oder der Angst, die Last der
Fürsorge für jemanden aufgebürdet zu bekommen, die sie nicht
tragen können.
Für Christen gibt es da aber noch eine zusätzliche Schwierigkeit:
das dumpfe Gefühl des Unbehagens, daß die christliche Botschaft
der Freude und des Sieges versagt hat. Wenn es schon Traurigkeit
geben muß, kann sie dann nicht wenigstens kürzere Zeit in
Anspruch nehmen? Auf diese Weise werden Barrieren errichtet,
und es kommt dazu, daß man sich vor den anderen immer mehr
verstellt.

Der Tod hält jedem seine eigene Sterblichkeit deutlich vor Augen, seine Verletzlichkeit, seine Hilflosigkeit. Was dann nötig ist, ist die *gemeinsame* Frage nach dem Warum und das gemeinsame Ertragen der Bestürzung und Verwirrung. Von Jesus wird gesagt: „Es jammerte ihn." [4] Das war eine Art der Anteilnahme, die es ihm ermöglichte, wirklich mit den Menschen zu leiden, ihren Schmerz mitzuempfinden, ohne jedoch selbst davon überwältigt zu werden.

Seelsorger, Gemeindeleiter und alle, die den Auftrag zum Trösten haben, sollten nicht vor der Herausforderung des wirklichen Mit-Leidens zurückschrecken, und sie sollten auch nicht glauben, keinen Beistand leisten zu können, weil sie auf viele Fragen keine Antwort haben. Das Evangelium enthält viele Spannungen: Trauer und Freude, Auseinandersetzung und Frieden, Dunkelheit und Licht. Erst im Himmel wird es keine Tränen mehr geben. [5]

Es erfordert Mut und Glauben, mit diesen Gegebenheiten zu leben. Es ist wiederum das Buch Hiob, in dem so viel über unsere Erkenntnis der eigenen Begrenzungen angesichts menschlicher Tragödien und über unsere Suche nach Antworten steht. Das ganze Buch hindurch sucht Hiob die Auseinandersetzung mit Gott, um mit ihm über seinen Fall zu reden und ihm zu sagen, daß er sich ungerecht behandelt fühlt. Sehr bald schon erkennt Hiob, daß seine Theologie und auch die seiner Freunde unzureichend ist, und daß nur Gott selbst die Antwort auf das Geheimnis von Hiobs Leiden hat. Aber als Gott dann erscheint, gibt er keine Antworten, sondern er malt auf eine große Leinwand die Wunder und Feinheiten seiner Schöpfung und seine enge Verbundenheit mit seiner Schöpfung.

Hiob beschließt, sich mit dieser Antwort zufriedenzugeben und sich im Glauben der Weisheit Gottes auszuliefern. In seinem Fall heißt das – er kann ohne Antworten leben. Im Schmerz und in der Trauer gibt es – wenn überhaupt – nur sehr wenige Antworten; es handelt sich eher um das Problem, Gott auch im Herzen und auf dem Grund der gegebenen Situation zu finden.

„Der sterbliche Verstand muß letztendlich sein kindliches Wissen über die Ewigkeit akzeptieren und einfach im Glauben an die Verborgenheit Gottes ruhen (Jes 45,15), die jenseits unseres Verstehens ist." [6]

Menschen wie Hiob, die alles verloren haben, brauchen Mitglieder der Gemeinde, um mit ihnen gemeinsam das Geheimnis und das Dunkel menschlicher Begrenztheit auszuhalten.

In ihrer Aufgabe des Tröstens und der Fürsorge für zerbrochene Menschen hat die Gemeinde Jesu ein Hilfsmittel, das Nichtchristen nicht zur Verfügung steht. „Ich habe das Gefühl, daß ich jetzt nur noch beten kann." Wie oft haben wir diesen Satz schon gesagt oder ihn von anderen als Stoßseufzer gehört. Glauben wir wirklich, daß des Gerechten Gebet viel vermag, wenn es ernstlich ist? [7]

Gebet für einen Menschen in Not ist etwas, an dem wir alle teilhaben können. Vielleicht sind wir nicht in der Lage, einen Brief zu schreiben und auch ein Anruf erscheint uns zu schwierig, weil wir nicht eine so enge Beziehung zu dem Menschen in Not haben, daß wir „schweigend zuhören und helfen" könnten. Aber jeder ist fähig, die Liebe Gottes durch Gebete zu vermitteln.

Aber es gibt hierfür eine ganz wichtige Voraussetzung: Lassen Sie den Betreffenden wissen, daß Sie für ihn beten, und prüfen Sie sehr genau, ob Sie das Gebet nicht als Flucht vor mühsamer Hilfeleistung mißbrauchen.

Als ich einmal einer Freundin anvertraute, ich hätte den Eindruck, niemand kümmere sich um mich, da schrieb sie mir: „Bitte versuche zu glauben, daß es nicht stimmt, daß keine Hilfe angeboten worden ist. Ich weiß, du hast davon nichts gehört, aber Menschen haben für dich gebetet, Menschen haben nach dir gefragt, Menschen haben an dich gedacht und sich um dich gesorgt."

Vielleicht brauchte ich gerade zu dem Zeitpunkt eine Rüge, aber es liegen Welten zwischen dem Gefühl vergessen zu sein und dem *Wissen*, daß an einen gedacht wird.

Eine kurze Nachricht, die ich bekam, verdeutlicht diese ganz klare Botschaft: „ Ich bin nicht in der Lage, etwas Praktisches für Dich zu tun, aber ich möchte, daß Du weißt: Ich bete für Dich."

Wie betet man eigentlich für einen Menschen, dessen Leben durch den Verlust eines geliebten Menschen ein Scherbenhaufen zu sein scheint? In seinem aufrüttelnden und streckenweise provozierenden Buch „The Pain that Heals" [8] („Der Schmerz, der heilt" Anm. d. Übers.) stellt Martin Israel fest, daß wir dazu neigen, für jede Art von Leiden so schnell wie möglich Erleichterung zu suchen. Es kann aber durchaus sein, daß Gott etwas ganz anderes mit uns vorhat. Gottes Wille ist es, daß jeder von uns ein vollständiger, ganzer Mensch wird, der erkennt, wie Gott ihn gemacht und womit er ihn ausgestattet hat. Gott will, daß wir zu mündigen Erwachsenen werden und zwar gemessen am Maßstab Christi. [9]

Deshalb sollte man im Gebet vielleicht zunächst „denjenigen, der leidet, in stillem Gebet vor Gott bringen und erst dann von seinem speziellen Leiden sprechen. Es ist wichtiger, den Leidenden mit bedingungsloser Liebe zu empfangen, als für die Befreiung von einer ganz bestimmten Krankheit oder von einem speziellen Problem zu beten. Wenn der Betreffende erst einmal vom Geist Gottes erfüllt ist, dann wird ihm tiefere Heilung zuteil werden, als wir je erbitten können." [10]

Wenn wir für Menschen beten, dann stehen wir als ihre Stellvertreter vor Gott, und von dieser Position aus kann die Liebe Gottes durch uns hindurch diejenigen erreichen, für die wir beten. [11]

Am Ende des Tages braucht jeder Leidende die Gewißheit, daß er bei Gott geborgen ist, [12] selbst wenn er im Moment den Weg Gottes mit ihm nicht begreifen kann.

Die Gemeinde Jesu Christi hat die Verantwortung, all jenen zu helfen, die mit der Frage und dem Geheimnis des Leidens zu kämpfen haben, und davon ist mit Sicherheit jeder irgendwann einmal und auf irgendeine Art betroffen.

13
Unvermutete Trauer

Während des Trauerprozesses werden wir mehr oder weniger stark mit Fragen über unsere eigene Identität konfrontiert. Madeleines Tod warf für mich sehr viele Fragen auf, aber es war wohl am schwierigsten, mit der Frage: „Wer bin ich eigentlich?" umzugehen. Um darauf eine Antwort zu bekommen, braucht man Zeit, Mut, Aufrichtigkeit und die Hilfe von jemandem, der weise genug und bereit ist, auch aufrichtig zu sein.

Es kann sein, daß auf der Suche nach einer Antwort auf eine Frage unbewältigte Dinge aus der Vergangenheit zum Vorschein kommen, und wenn man wirklich heil werden will, muß dieses Vergangene entwirrt und sortiert werden. Alles Unbrauchbare muß dabei entfernt werden. Eine Witwe merkte nach dem Tod ihres Mannes plötzlich, daß sie in ganz vielen Bereichen unsicher war, und daß diese Unsicherheiten nicht in erster Linie mit dem Verlust ihres Mannes zusammenhingen. Ich selbst entdeckte, daß ich mich mit meinen Empfindungen in bezug auf die vorübergehende Trennung meiner Eltern auseinandersetzen mußte und mit meiner Schwerhörigkeit, die immer schlimmer wurde. Das machte den Trauerprozeß komplizierter und verzögerte ihn. Jeder, der mit trauernden Menschen zu tun hat, sollte wissen, wie wichtig es ist, die Möglichkeit solcher Komplikationen im Auge zu behalten. Ich weiß nicht, wie man genau feststellen kann, ob solche Komplikationen vorhanden sind. Ich kann nur von meinen persönlichen Erfahrungen berichten: Die Mitarbeiterin des Hospiz, die mir in den ersten Monaten nach Mads' Tod half, erkannte, daß es in meinem Leben Bereiche gab, mit denen ich mich auseinandersetzen mußte, und sie beriet mich und half mir bei der Suche nach wirklich fachkundiger psychologischer Hilfe. Sie erkannte die Notwendigkeit solcher fachlichen Hilfe zweifellos daran, daß ich böse und verwirrt war und lange böse blieb über Dinge, die gar nicht direkt mit Madeleines Tod zusammenhingen, und daß ich immer deprimierter wurde und mich immer mehr zurückzog.

Ich erinnere mich noch genau an ihren ersten Versuch, das Thema auf den Tisch zu bringen:

„Haben Sie schon einmal daran gedacht, psychotherapeutische Hilfe in Anspruch zu nehmen?"

Ich fühlte mich, als stünde ich unter einer kalten Dusche. Ich war also doch auf dem Wege, verrückt zu werden! Ich brauchte gar nichts zu sagen; man muß mir meinen Schock angesehen haben, denn die Sozialarbeiterin sagte zu meiner Rettung:

„Ich bin nicht der Ansicht, daß Sie unbedingt einen Psychiater brauchen; wenn das der Fall wäre, dann brauchten wir nur einen aus dem Hospiz zu bitten."

Sie erklärte mir dann, daß es für mich und meine vollständige Wiederherstellung wichtig sei, all die unverarbeiteten Dinge, die jetzt an die Oberfläche kämen, kontinuierlich unter therapeutischer Anleitung aufzuarbeiten. Sie selbst könne das aber aus rein zeitlichen Gründen nicht leisten.

In dieser Phase war mir klar, daß ich die verdrängten Dinge aufarbeiten mußte, und ich war auch bereit, alles, was damit zusammenhing, auf mich zu nehmen.

Durch das London Bible College wußte ich, wo man psychologische Beratung kostenlos erhält, und ich wandte mich an die Beratungsstelle, wo ich die nächsten zweieinhalb Jahre wöchentlich auftauchte. Durch Etatkürzungen ist die Existenz dieser christlichen Beratungsstelle nun bedroht, und das macht mich sehr betroffen. Rückblickend weiß ich, daß ich mir ohne die Hilfe dieser Stelle (ich bezahlte jeweils so viel wie ich konnte) die fachkundige Hilfe, die ich wirklich brauchte, nie hätte leisten können. Was aber noch wichtiger war, mir aber am Anfang gar nicht klar war: ich brauchte Hilfe von fachkundigen *Christen*. In meiner Unwissenheit glaubte ich, es sei eigentlich egal, ob der Therapeut ein überzeugter Christ sei oder nicht. Ich bin mittlerweile davon überzeugt, daß diese Einschätzung falsch war – mit Sicherheit, was meinen speziellen Fall angeht.

Eine Therapie ist keine angenehme, beruhigende einstündige Plauderei, sondern sie ist Entblößung – nicht nur innerer tiefer Verletzungen, die wir alleine nicht zu untersuchen wagen, sondern auch die Entblößung großer Bereiche häßlicher Empfindungen – kurz, Therapie ist die Begegnung mit der Realität. Wenn die Welt, die man sich aufgebaut hat und die Phantasien, an die man glaubt, einem in Trümmern zu Füßen liegen, dann kann nur noch das Evangelium von Jesus Christus, das Evangelium der Hoffnung und der Vergebung eine Antwort bieten und eine Grundlage sein, auf der etwas Reales und Dauerhaftes entstehen kann. Und der Glaube des Therapeuten ist von entscheidender Bedeutung zu diesem Zeitpunkt, zu dem auch Gott sich der Verwüstung entzogen zu haben scheint. Die Heilung, die ich durch die Therapie erfahren habe, ist viel wichtiger, als es die Heilung meiner Schwerhörigkeit je sein könnte.

Die Ganzheit von Seele und Geist muß in der Gemeinde als etwas sehr Wichtiges betrachtet werden, und ich bin sehr dankbar, daß es christliche Hilfsorganisationen gibt, die diesen Aspekt als Herausforderung sehen und Hilfestellung anbieten. Sie sind ein wichtiges Glied am Leib Christi. Wenn während des Trauerprozesses solche unverarbeiteten und verdrängten Bereiche zum Vorschein kommen, dann ist Unterstützung hier genauso wichtig wie kurz nach dem Verlust des geliebten Menschen. Die unerwartete Erkenntnis der Tatsache, daß ich meine Schwerhörigkeit nie richtig angenommen hatte, war für mich ein wirklicher Schock. Es war wirklich schmerzlich, schon wieder die Erfahrung eines Verlustes zu machen, wenn auch in einem ganz anderen Bereich. Wieder schien alles unwirklich, die Zukunft wirkte hoffnungslos und leer. Traurigkeit, Anspannung und Depression wurden alltäglich, weil das Leben niemals so sein würde wie ich vorgegeben hatte, daß es sei. Aber mit Hilfe und Unterstützung konnte ich die *Wirklichkeit* langsam ertragen und sogar verinnerlichen, und die innere Einsamkeit und Entfremdung wich schließlich dem Wissen, daß ich geliebt und geschätzt werde – nicht nur von Gott, sondern auch von den Menschen, denen ich etwas bedeute.

Gelobt sei Gott:
für alle die kleinen Tode, die ich gestorben bin:
für den Unfall, der mich lehrte, daß mein Körper zerbrechlich ist,
für die Operation, die mich mit meiner Sterblichkeit konfrontierte,
für die zerbrochene Beziehung, die mein Herz versteinern ließ,
für den Verlust, der meinem Leben den Sinn nahm.
Gelobt sei Gott:
für jeden Anfang einer Auferstehung,
für die Entdeckung der Stärke des Geistes in diesem Körper,
für das Wissen um die nie endende Liebe, die mich festhält,
für das Wieder-Entflammen einer neuen, reineren Liebe,
für die Offenbarung eines Universums, das erfüllt ist vom Ruhm Gottes.
Gelobt sei Gott für jeden Anfang einer Auferstehung.
Gelobt sei Gott für all jene Hände, die erhoben werden, um mich zu verletzen.
Gelobt sei Gott für alle, die zu meiner Auferstehung beitrugen.
Im Sterben und im Auferstehen trete ich der Zukunft entgegen.
Ich werde mein Herz nicht vor der erdrückenden Last der Sünde und Not dieser Welt verschließen.
Christus wird mich aufrichten.
Ich werde mich nicht abwenden von dem, der mich verletzt hat.

Christus wird uns beide heilen.
Ich werde annehmen, was mich tötet.
Christus benutzt es, um mich zu sich nach Hause zu holen.
Gelobt sei Gott für die Auferstehung und für das Leben. [1]

Viele Erfahrungen, die wir machen, haben Trauer zur Folge: Der Verlust der Arbeitsstelle, Verlust körperlicher Kraft und Fähigkeiten, Verlust einer Beziehung durch Trennung oder Scheidung. Wir müssen zwar aufpassen, daß wir den Begriff der Trauer nicht abwerten oder gar entwerten, aber solche Erfahrungen eines Verlustes führen zu demselben – „Nichts-wird-je-wieder-so-werden-wie-es-war-Gefühl".

Obwohl Menschen, die aufgrund solcher Erfahrungen trauern, oft glauben, ihre Situation sei nicht schlimm genug, um einen Hilferuf zu rechtfertigen, ist ihr innerer Schmerz dennoch enorm.

Es kann durchaus sein, daß wir auf sie zugehen und ihnen Hilfe anbieten müssen.

Dann gibt es noch die körperlich und psychisch Behinderten. Jean Vanier spricht von den Schmerzen, die geistig Behinderte oft durchleiden, deren spezielles Leiden das Gefühl des Ausgeschlossenseins, der Wertlosigkeit und des Ungeliebtseins ist.[2]

Roy Trevivan schildert die Isolation und Einsamkeit eines Menschen, der eine Zeitlang in der Psychiatrie verbrachte und weist auf das Leiden zahlreicher anderer Gruppen hin, die außerhalb der „normalen" Gesellschaft angesiedelt sind.[3]

Eine aufgelöste Verlobung, eine Fehlgeburt oder Totgeburt, der Verlust des Zuhauses oder der Beginn des Ruhestandes – sie alle können sehr schmerzliche Empfindungen auslösen.

Haben wir für diese Menschen einen Platz in unseren Gemeinden? Nicht einen Platz, der von einer überlegenen, bevormundenden, mitleidigen Position aus angeboten wird, sondern einen wirklichen Platz, den es gibt, weil wir vor dem himmlischen Vater alle gleich sind. Ich arbeite in einer Organisation mit, die sich um hörbehinderte Menschen in Gemeinden kümmert und deren Ziel es ist, daß schwerhörige Menschen trotz ihrer Behinderung in den Gemeinden aktiv sind. Im Rahmen dieser Arbeit haben wir Verschiedenes entdeckt: daß fast alle Gemeinden viel zu beschäftigt sind mit verschiedensten Aktivitäten, um auch noch die Zeit zu haben, sich mit den hörbehinderten Menschen zu beschäftigen; daß dort, wo Gemeinden die Notwendigkeit sehen, die Hörbehinderten zu integrieren, auch plötzlich andere „Randgruppen" und Minderheiten zur Kenntnis genommen werden, die besondere Fürsorge brauchen; daß Menschen, die keine Hörbehinderung haben und dennoch mit unserer Organisation zu tun haben, oft sagen, wie stark sie die gegenseitige Liebe bei uns empfinden – eine liebevolle Atmosphäre, die sie in ihren Gemeinden selten oder nie erlebt haben.

Ich bin davon überzeugt, daß andere Organisationen unserer Art, z. B. die für Blinde, ganz ähnliche Erfahrungen machen. Obwohl wir dankbar sind für das, was Gott durch unsere Organisation tut, haben wir doch auch die Befürchtung, daß die Gemeinden und Kirchen die heilende Liebe Gottes nicht an Randgruppen und Minderheiten weitergeben, wie es eigentlich ihr Auftrag ist.

Was die meisten Gemeinden vermitteln, ist folgendes:

„Wenn Sie eine besondere Gabe oder Fähigkeit haben, wenn Sie ein durchschnittlicher, selbstgenügsamer Mensch sind, wenn Sie sich so verhalten, wie wir hier, wenn Sie unseren theologischen Grundlagen zustimmen, Gottesdienst feiern wie wir, wenn Sie nicht die Absicht haben, am Status Quo zu rütteln und wenn Sie keine spezielle Fürsorge brauchen, dann sind Sie uns herzlich willkommen, und wir haben einen Platz für Sie."

Das grenzt ein Heer von Menschen von vornherein aus und widerspricht dem, was Jesus gelehrt und vorgelebt hat. Der Herr, dem wir dienen, sagt: „Die Starken bedürfen keines Arztes, sondern die Kranken. Ich bin gekommen, die Sünder zu rufen und nicht die Gerechten."[4]

Er wirkte nicht unter den Mächtigen, den Starken, den Erfolgreichen oder Religiösen, sondern unter den Armen, den Rebellierenden, denen, die am Rande der Gesellschaft standen.

Er litt mit denen, die verfolgt und hilflos waren, [5] er erfüllte die Verheißung des Alten Testaments: „Er hat mich gesandt, den Elenden gute Botschaft zu bringen, die zerbrochenen Herzen zu verbinden, zu trösten alle Trauernden."[6]   •

Wenn er dieses Konzept, diesen Plan heute verwirklichen wollte, dann müßte er wahrscheinlich das ganze kirchliche und gemeindliche Leben verändern.

Gott baut seine Gemeinde aus „lebendigen Steinen"[7], von denen jeder einzigartig ist, ganz anders als die maschinell gefertigten Steine, die alle genau gleich aussehen.

Er sucht uns in unserer „christlichen" Selbstgefälligkeit auf, kommt in unsere Organisationen, Gremien, Konferenzen, er weiß, wie sehr wir uns bei Lehrmeinungen und verschiedenen Frömmigkeitsstilen aufhalten, und er ruft uns auf, die Beschäftigung mit solchen Fragen in ein Gleichgewicht zu bringen mit praktischer Hilfe und Unterstützung für die Menschen, die an Körper, Geist oder Seele leiden. [8] Er ruft uns dazu auf, den Schwachen durch den Dienst des Lasttragens [9]wirklich zu dienen, er fordert uns auf, eine Gemeinschaft von Tröstern zu sein. Die *Macht des einen Trösters,* der sich in unserem Leiden neben uns stellt, fließt durch uns zu denen, die Trost brauchen. Wann haben wir zum letzten Mal jemandem aus unserer Gemeinde wirklich echtes Mit-Leid entgegengebracht? Wann haben wir es zum letzten Mal zugelassen, uns vom Schmerz des anderen wirklich anrühren zu lassen? Wir empfinden das als so schwierig, weil wir angesichts einer Krise oft erkennen, wie unser Gemeindeleben, das fast ausschließlich durch Versammlungen geprägt ist, nur oberflächliche Beziehungen zustande gebracht hat. Vielleicht sind wir viel zu sehr damit beschäftigt, zu organisieren, evangelisieren, predigen, lehren, ja, sogar anzubeten – alles sicher wichtige Dinge an ihrem Platz. Wir müssen uns auf Tod und Schicksalsschläge vorbereiten, bevor sie uns treffen.

In einer allgemeinen Aussage über den Tod stellt Elisabeth Kübler-Ross heraus, daß das Sterben so schwer ist, weil wir noch so viel Unerledigtes zu erledigen haben – sowohl Positives als auch Negatives: „Wir haben viel Ablehnung, Bitterkeit, Zorn, Qual, Haß und Rache geschluckt... Es sind nicht immer nur die häßlichen Dinge, die wir tun, sondern wir sprechen mit Menschen auch nicht darüber, wie wichtig sie in unserem Leben waren: ’Ich liebe dich’ oder ’Ich vergebe dir’ oder was es auch immer zu sagen geben mag. Und jeder Mensch, der demütig und ehrlich ist, kann das heute noch erledigen." [10]

Ähnelt das nicht sehr der Art Gemeinschaft, von der im Neuen Testament die Rede ist[11], wo wir lernen, im Licht der Gegenwart Gottes zu leben, in Heiligkeit und schöpferischer Liebe – wo wir einander Sünden bekennen und vergeben, wo uns vergeben wird; wo wir in Wahrheit und Vertrauen wachsen und uns gegenseitig stärken?

Wenn das so ist, dann müssen Fürsorge und Trost der normale Ausdruck unseres Lebens als Kinder Gottes sein. Wir werden die unter uns herausfinden, die die Gabe des praktischen Helfens haben und diejenigen mit der Gabe des Zuhörens. Wir werden wissen, an wen wir uns wenden können, wenn wir Kummer oder Schmerzen haben. Wir werden jedem Menschen zugestehen können, ganz er selbst zu sein, ja mehr noch, wir können ihn ermutigen, mehr über sein wirkliches Ich zu erfahren und seine Wurzeln immer tiefer in Gott und seine Offenbarung durch die Bibel zu senken.

Zwei Ideen, die ich in der Praxis verwirklicht gesehen habe, haben mich sehr beeindruckt. Eine Gemeinde bietet regelmäßig eine Gebetsgruppe an, speziell für Menschen, die körperliche, emotionale oder geistliche Schwierigkeiten und Nöte haben. Sie treffen sich zwanglos, trinken gemeinsam Kaffee und sprechen miteinander über ihre „Verletzungen". Der eine hat vielleicht einen geliebten Menschen verloren, der andere mag mit einer bestimmten Körperbehinderung zu kämpfen haben und ein dritter erholt sich vielleicht gerade von einem Nervenzusammenbruch. In der Gemeinde, die ich meine, ist es der Vikar, der die Gabe der Fürsorge hat (das ist nicht immer so, und wir sollten es auf keinen Fall einfach erwarten), aber er wird von ein paar Gemeindegliedern unterstützt, die mit den Teilnehmern der Gruppe beten.

In einer anderen Region haben sich mehrere Gemeinden zur Gründung einer Beratungsgruppe für Trauernde zusammengeschlossen. Geleitet wird diese Gruppe von Mitgliedern aus den einzelnen Gemeinden, die für diese Arbeit eine besondere Gabe oder Erfahrung mitbringen.

Es liegt an uns, Gott zu fragen, was er von uns will. Wenn er uns diese Aufgabe gibt und wir sie annehmen, dann können viele Menschen Unterstützung und Hilfe erfahren, bevor es zu spät ist. Im Rahmen dieses Prozesses werden wir gemeinsam im Glauben und in der Liebe wachsen und schließlich Gott wirklich „für all die kleinen Tode" loben können.

Teil IV
Reaktionen und Reflexionen

14
Zorn – und der Vater des Mitleids

Wir kamen gegen Mittag an. Die Sonne schien von einem fast wolkenlosen Himmel, die Vögel zwitscherten, und in der Ferne konnten wir das funkelnde Wasser des Sound of Jura sehen. Ich hatte mich auf die Pilgerfahrt zu meinem liebsten Ferienort in Westschottland gemacht, wo Mads und ich so viel Schönes gemeinsam erlebt hatten. Diesmal war Mads allerdings nicht mehr dabei, denn sie war vor 15 Monaten gestorben; eine gemeinsame Freundin begleitete mich, und ich freute mich darauf, ihr zumindest ein wenig von der Schönheit dieser Landschaft vermitteln zu können, die ich vor vier Jahren selbst entdeckt hatte.

Sie war müde von der Reise, und so ließ ich sie im Wohnwagen allein, damit sie schlafen konnte, schlenderte zum See und setzte mich dort auf einen Felsen. Ein Schwanenpaar glitt vorüber – sie waren also immer noch da. Es lagen noch dieselben Boote vertäut am Ufer der Bucht, und die Dinghis und Ruderboote schienen an denselben Stellen auf dem Sand am Strand zu liegen wie damals. Ganz plötzlich wurde ich von einer Empfindung überrollt, deren Kommen ich schon geahnt hatte. Warum hatte Gott zugelassen, daß sie starb? Warum taten die Menschen dasselbe wie damals, und wie konnte es sein, daß alles noch genauso aussah wie damals? Das war einfach nicht fair! Tränen liefen mir die Wangen hinunter, und ich schüttete Gott mein Herz aus. Und als ich so ganz ehrlich und offen vor ihm war, empfand ich deutlich seine Nähe und seinen Trost.

Bis zu dem Zeitpunkt hatte ich es nicht gewagt, mir einzugestehen, daß ich böse auf Gott war.

Es hatte mich schon viel Überwindung und Zeit gekostet, die Tatsache zu akzeptieren, daß ich überhaupt böse war, aber böse auf *ihn* zu sein, der mir während Mads' Krankheit und nach ihrem Tod seine Liebe so deutlich gezeigt hatte – das schien mir nicht nur undankbar, sondern es war für mich, als würde ich damit die Erfahrung seiner Liebe leugnen.

Im Schmerz des Trauerprozesses werden alle Empfindungen viel intensiver erlebt, und für einen Christen kann die Stärke negativer Empfindungen sehr beunruhigend sein. Wir haben gelernt, daß wir lieben und nicht hassen sollen, daß wir freundlich und geduldig sein sollen – was tun wir nun angesichts solcher negativer Empfindungen, die ungebeten und unverhofft mit aller Macht auf uns einstürzen und nicht wieder verschwinden wollen? Ich durchforstete die Regale christlicher Buchhandlungen, um festzustellen, ob es außer mir noch jemanden gab, der solche Empfindungen kannte und etwas Hilfreiches über den Umgang mit Zorn geschrieben hatte – allerdings war ich dabei ziemlich erfolglos.

Als ich anfing, die wenigen Bücher, die es zum Thema gab, zu lesen, und auch mit Mitarbeitern des Hospiz darüber sprach, wurde mir klar, daß Zorn eine normale und gesunde Reaktion auf Verlust ist. Ja mehr noch, daß Zorn zum Ausdruck gebracht werden, also ein Ziel haben muß. Manche Leute werden dem Arzt, der Schwester oder der Medizin allgemein vorwerfen, nicht mehr unternommen zu haben, um den Tod zu verhindern. Andere wiederum sind böse auf den geliebten Menschen, weil er stirbt und sie allein zurückläßt. Wieder andere sind böse, weil die Gemeinde – der Pfarrer oder die Mitchristen – nicht die erwartete Hilfe geleistet haben. Viele klagen Gott an, daß er nicht eingegriffen und geheilt hat, und manche geben sich selbst die Schuld und richten den Zorn gegen sich selbst.

Wut, Zorn kommt in vielerlei Gestalt oder sogar verkleidet. Es gab Zeiten, da war ich nicht fähig zu erkennen, was ich eigentlich empfand, und irgendwann brach es dann aus mir heraus. Aber häufiger war es so, daß ich angespannt, ruhelos und ängstlich war. Es dauerte Monate, bevor ich meinen Empfindungen den Namen „Zorn" geben konnte, und selbst als ich es schließlich konnte, blieb ein Zustand großer Verwirrung, verbunden mit schlimmen Schuldgefühlen zurück, bis ich schließlich Schritt für Schritt mit Hilfe anderer lernte, einen Blick hinter diese Empfindungen zu werfen, ihre Ursache zu begreifen und sie zu bearbeiten.

Als mir einmal soweit geholfen worden war, daß ich das, was ich empfand, als Zorn benennen und akzeptieren konnte und daß es sich dabei um eine ganz normale Reaktion handelte, da war ich bereit, einen langen Lernprozeß zu beginnen, der zweifellos mein ganzes Leben lang dauern wird. Ich mußte lernen, daß nicht das Gefühl des Zorns als solches falsch war (genauso wenig wie Versuchung falsch ist), sondern wie ich mit der Empfindung umging.

Lektion eins war zu lernen, ehrlich zu mir selbst, zu Gott und zu den Mitmenschen zu sein, und meinen Zorn zuzugeben. Und wieder einmal ging ich in meiner Bibel auf Entdeckungsreise. Was hat die Bibel zum Thema Zorn zu sagen? Epheser 4,26 war ein Vers, den ich kannte. Durch das „Zürnt ihr" kommt klar zum Ausdruck: Gott weiß, daß wir zornig werden; aber was ist mit dem „So sündigt nicht, laßt die Sonne nicht untergehen über eurem Zorn".

Ich dachte intensiv darüber nach, denn ich war oft noch lange nach Sonnenuntergang zornig und schien dann unfähig, mit dem Zorn fertigzuwerden. Das Gebot, das in diesem Vers enthalten ist, zeigt, daß es eine Art von Zorn gibt, die zwar richtig ist aber die so schnell wie möglich aufgelöst werden soll. Aber wie kann das ganz praktisch aussehen?

Eines Tages stolperte ich über Jeremias Anklage: „Du hast mich verführt, Herr". [1] Das war wohl das Äußerste an Ehrlichkeit und Offenheit mit Gott. Das war ein Schritt in die richtige Richtung, und am Ufer des Sees in Westschottland setzte ich genau das in die Praxis um. Für mich war das Phase zwei: ich hatte Angst, meinen Zorn anderen Menschen gegenüber auszudrücken, aber ich wußte, daß Gott meinen Zorn auf ihn akzeptieren konnte und daß ich mit ihm auch über die Wut, die Ungerechtigkeit und die Verletzungen reden konnte, die ich anderen gegenüber empfand – genau wie der Mensch in Psalm 55 seine Empfindungen gegenüber seinen Feinden offenlegt – und ich konnte nun die Situation wirklich ganz in Gottes Hand geben.

Später dann, als ganz andere Empfindungen von Verletztsein und Ungerechtigkeit an die Oberfläche kamen, war der Vorgang umgekehrt: Schritt für Schritt begann ich, über all das mit jemandem zu sprechen, zu dem ich Vertrauen hatte, und erst dann war ich in der Lage, es vor Gott zu bringen.

Das ist keineswegs ein bequemer Ausweg. Es erfordert nämlich entweder, daß wir unsere Verantwortlichkeit erkennen, einen Zustand zu verändern und richtigzustellen, oder aber, daß wir die ganze Situation Gott übergeben und damit unsere Unfähigkeit, sie zu lösen, eingestehen. Und wenn Gespräche dabei nötig sind, dann heißt das auch: Wir müssen so lange damit warten, bis wir fähig sind, konstruktiv mit denen zu sprechen, die uns Unrecht getan haben, damit beide Seiten wirklich etwas daraus lernen können.

Jesus selbst hat Zorn empfunden über den Tod. In der Geschichte von der Auferweckung des Lazarus, die wir bereits erörtert haben, wird berichtet, daß der Sohn Gottes „ergrimmte", [2] ein Wort, das im griechischen Urtext beinhaltet, daß Jesus nicht nur im Zustand tiefer Trauer zum Grab des Lazarus kam, sondern auch voller Wut und Zorn. Es war, als brächte die Trauer von Maria und Martha wieder das Böse des Todes voll ins Bewußtsein; die Unnatürlichkeit des Todes, seine „gewalttätige Tyrannei", das Grundelend der Menschheit und dahinter den, „der die Macht des Todes hat". [3]

Gott ist über den Tod genauso böse und verletzt wie wir. Auch die Frage „Warum?" ist eine normale Reaktion auf einen schweren Verlust. Auch Jesus stellte in jenem geheimnisvollen Augenblick der Verlassenheit am Kreuz die Frage „Warum?" und Gott kann mit Sicherheit unser „Warum?" verkraften, unser „Warum?" zum Leiden, zum Tod oder dazu, daß wir uns von ihm oder denen, denen wir vertraut haben, im Stich gelassen fühlen. [4]

Leiden und Tod werfen die großen Fragen des Lebens auf, Fragen an uns selbst und Gott. Und schon diese Fragen an sich machen uns ängstlich und unsicher, genau wie unsere gefühlsmäßigen Reaktionen auf einen Verlust, und das trägt dann noch mehr zu dem Zorn bei, den wir ohnehin schon empfinden.

Es ist unbehaglich, böse zu sein und es ist keineswegs ein erfreulicher Zustand. Wir können uns meistens selbst nicht leiden, wenn wir böse sind, und wir sind dann versucht, dem Zorn entweder einfach einen anderen Namen zu geben oder jemand anderem die Schuld für unsere Empfindungen zu geben. Das wiederum ist ein Teil des ganzen Problems, denn wie wir ja bereits festgestellt haben, ist eine der Fragen, die wir hier in der Trauer höchstwahrscheinlich stellen: „Wer bin ich?" Es erfordert Mut, sich dem auszusetzen, was man dabei entdeckt, aber Gott kann dann anfangen, uns zu dem Menschen umzuformen, als den er uns ursprünglich geschaffen hat.

Der Heilige Geist ist der Geist der Wahrheit, der uns in alle Wahrheit leitet [5] – in die Wahrheit über Gott, über seine Offenbarung in der Bibel und über uns selbst. Er tut das, indem er mich mit dem „Ich" konfrontiert, das ich nie sein wollte, und mich fähig macht, diese verabscheute, abgelehnte Person als mein Ich anzunehmen.

Das Hauptwirken des Heiligen Geistes besteht darin, daß er die Person, die ich meine zu sein, versöhnt mit der Person, die ich wirklich bin; daß er in mir freisetzt, was durch meine eigenen Ängste erstickt wird; daß er das Ich, welches ich fürchte und abzutöten versucht habe, daß er genau dieses Ich mit der wunderbaren Freiheit der Kinder Gottes bekannt macht."[6] Solange wir es ablehnen, damit „bekanntgemacht" zu werden, solange laufen wir davon; nicht nur vor uns selbst, sondern vor Gott. Er möchte all unsere Empfindungen in sein Licht und in seine Liebe stellen, und bevor wir dazu nicht bereit sind, können wir uns weder weiterentwickeln, noch die verändernde Macht Gottes kennenlernen. Buße, Vergebung und Heilung sind untrennbar miteinander verbunden.

Allmächtiger Gott,
der du alle Herzen kennst
und all unsere Sehnsüchte,
vor dem kein Geheimnis verborgen ist:
reinige die Gedanken unseres Herzens
durch das Wirken deines Heiligen Geistes,
damit wir dich wahrhaftig lieben können
und deinen Namen würdig verherrlichen
durch Christus, unseren Herrn. Amen.[7]

„Du mußt lernen, dich selbst zu lieben!" Was um alles in der Welt hatte das mit dem Überwinden meiner Trauer zu tun? Das fragte ich mich, als mir jemand im Hospiz den obigen Rat gab. Auf mich machte es den Eindruck eines Ablenkungsmanövers, aber trotzdem ertappte ich mich dabei, wie ich nachdachte: „Was bedeutet das? Ist es überhaupt christlich?" Ich hatte den Eindruck gewonnen, daß die biblische Sicht dieses Ichs, das ich augenblicklich lieben sollte, anders war, daß es dort unwürdig, häßlich, völlig sündhaft war und mit aller Strenge behandelt werden mußte. Aber der Jesus, der gesagt hat: „Verleugne dich selbst" hat genauso gesagt: „Liebe deinen Nächsten wie dich selbst." [8]

Wie könnten wir denn ein Ich verleugnen, das wir nicht zunächst einmal kennengelernt und akzeptiert haben? Und mehr noch – dieses Gebot ist so wichtig, daß von ihm behauptet wird, es fasse das gesamte Gesetz des Alten Testaments zusammen [9] – ich mußte wieder alles neu überdenken.

Wenn wir unseren Nächsten so lieben wie uns selbst, dann gilt wohl für die meisten von uns, daß unser Nächster es nicht besonders gut hätte. Was beinhaltet dieses Gebot, uns selbst zu lieben, eigentlich? „Sich selbst zu lieben heißt, sich selbst anzunehmen, wie man ist und Gott dafür zu danken, daß er einen so geschaffen hat, wie man ist... Es beinhaltet, daß man sein ganzes Wesen, seine guten und schlechten Seiten, das Strahlende und das Düstere akzeptiert. Und es beinhaltet, daß man sein ganzes Sein, so schwach und schadhaft es auch sein mag, in den Dienst Gottes stellt." [10] Es heißt, ganz einfach zu sagen: „Ich danke dir Vater, daß du mich so gemacht hast, wie ich bin."

Was also zunächst wie ein Ablenkungsmanöver schien, erwies sich als etwas sehr Wichtiges. Genauso wie wir langsam lernen müssen, den Tod des geliebten Menschen anzunehmen, so müssen wir lernen, unsere neue Identität (nicht in dem Sinne, daß wir eine neue gesellschaftliche Rolle übernehmen müssen, z. B. als Witwe) anzunehmen, je mehr wir über unser inneres Wesen erfahren. Es ist möglich, daß wir dabei Zorn, Schwäche, Ängste und Tausende von anderen Dingen entdecken, die wir lieber nicht zur Kenntnis genommen hätten.

Wir müssen dann Geduld mit uns selbst haben und darin eine Gelegenheit entdecken, noch mehr über Gottes Vergebung und seine beständige Liebe zu erfahren. Dabei können wir dann erleben, wie seine Kraft und Stärke in unsere Schwäche und Machtlosigkeit fließen.

Die Grundlage, auf der wir aufbauen, ist die Art, wie Gott uns sieht, nämlich als kostbares, wertvolles, geliebtes Wesen, [11] und vielleicht ist es zu keinem Zeitpunkt so wichtig daran festzuhalten, wie in den Monaten und Jahren nach dem Verlust eines Menschen. In den zahlreichen Augenblicken des Zweifels und der Unsicherheit war es für mich von entscheidender Bedeutung, mich immer wieder darauf zu berufen, daß Gott gesagt hat: „Ich habe dich je und je geliebt, darum habe ich dich zu mir gezogen aus lauter Güte." [12] Das Alte Testament ist voller Hinweise auf seine „unerschütterliche Liebe", durch die er sich mit uns verbunden hat.

(Es lohnt sich, ein paar solcher Verse auswendig zu lernen, damit wir in Krisen von diesem „Kapital" zehren können.)

Diese Liebe Gottes ist sanft, mitfühlend und geduldig.[13] Eines der treffendsten Bilder für die Liebe Gottes ist wohl das des Hirten. Er ist der eine, der für jeden von uns sorgt, egal wie verloren oder verletzt wir auch sein mögen. Psalm 23 ist der bekannteste Vers über den Hirten, aber für mich persönlich ist der Verweis in Ezechiel 34 am bedeutsamsten. Dort werden die religiösen Führer dafür verurteilt, daß sie es versäumt haben, für das Volk Gottes zu sorgen. Nach dieser Verurteilung verkündet Gott, daß er nun selbst die Fürsorge für seine Herde übernehmen und alles Nötige für deren Gesundheit und Wohlergehen tun wird:

„Ich will das Verlorene wieder suchen und das Verirrte zurückbringen und das Verwundete verbinden und das Schwache stärken."

Dies ist der Gott, der inmitten allen Leides und inmitten aller Trauer da ist, er ist der, der „trug unsere Krankheit und lud auf sich unsere Schmerzen", er ist der, der „versprochen hat, das geknickte Rohr nicht abzubrechen" und „er heilt die, die zerbrochenen Herzens sind und verbindet ihre Wunde." [14] Im Neuen Testament spüren wir dieselbe Barmherzigkeit, dasselbe Einfühlungsvermögen im Hebräerbrief, wo vom großen Hohepriester die Rede ist: „Denn wir haben nicht einen Hohepriester, der nicht könnte mitleiden mit unserer Schwachheit." [15] An ihn können wir uns voller Vertrauen und Zuversicht wenden in der Gewißheit, daß er der „Vater der Barmherzigkeit und Gott allen Trostes ist."[16]

Einer der Namen, der Jesus von den Propheten gegeben wird, ist „Wunder-Rat", [17] während im Neuen Testament der Heilige Geist „Tröster" [18] genannt wird – das heißt, er ist derjenige, der sich neben uns stellt, um uns zu unterstützen und zu beschützen und der uns zur Seite steht.

Wenn es so scheint, als ob niemand uns versteht, wenn wir uns so sehr nach der Nähe eines anderen Menschen sehnen, der unsere Erfahrung mit uns teilen könnte, oder wenn uns die Vielschichtigkeit und Tiefe unserer Empfindungen einfach zu überrumpeln scheint, gerade dann können wir von unserem göttlichen Tröster Hilfe erfahren.

In der Trauer haben wir leicht das Gefühl, die Kontrolle über unser Leben zu verlieren und manchmal sogar die Kontrolle über uns selbst. Aus diesem Grund fand ich es so wichtig, daß mir bewußt blieb, was die Bibel über die Macht Gottes sagt. Wir haben bereits Psalm 46 erwähnt, wo der Psalmist so wundervoll seinen Glauben bekennt:

„Gott ist unsere Zuversicht und Stärke", und Gott ist der Herr über jeden inneren Aufruhr, und er kann uns davon befreien.

Jesaja 54,10 vermittelt denselben Grundgedanken: „Denn es sollen wohl Berge weichen und Hügel hinfallen, aber meine Gnade soll nicht von dir weichen, und der Bund meines Friedens soll nicht umfallen, spricht der Herr, dein Erbarmer."

Die Bibel ist voll von solchen Aussagen, in denen Menschen inmitten ihres Leids und in persönlichen oder politischen Schwierigkeiten versichern, daß sie an die Macht und die Liebe Gottes glauben, eine Bestätigung, die mit den folgenden Worten zusammengefaßt werden kann: „Dein, Herr, ist alle Größe, die Macht, der Ruhm, die Herrlichkeit und die Würde; denn alles im Himmel und auf Erden ist dein." [19] Dieser Gott ist unser Gott, und er ist der Gott, welcher der Ursprung und die Quelle unserer Hoffnung ist.

Selbst in den Psalmen, wo Menschen ihrem Schmerz und ihrer Verzweiflung Luft machen, steht am Ende immer eine Äußerung des Glaubens. [20] Am Ende kann uns nichts, weder die Schwere unserer Erfahrung noch der Tod eines geliebten Menschen, noch die Aussicht auf den eigenen Tod von seiner Liebe trennen. [21] Wenn wir uns an ihn wenden, dann berührt er uns genau an der Stelle, wo wir es nötig haben.

Unserer Zerbrochenheit
begegnet er mit Heilung
Unserer Ernsthaftigkeit
begegnet er mit Wahrheit

Unserer Häßlichkeit
begegnet er mit Schönheit
Unserem Widerstand
begegnet er mit Erfüllung
Unserer Selbstsucht
begegnet er mit Liebe
Unserer Gewalt
begegnet er mit Frieden
Unserer Verzweiflung
begegnet er mit Hoffnung.[22]

15
Die ganze Vergebung

Die Wiederherstellung zerbrochener Beziehungen ist ein entscheidender Aspekt der christlichen Botschaft, und dieser Aspekt spielt oft auch in der Bewältigung von Trauer eine ganz wesentliche Rolle. Zorn kann uns von Gott, von uns selbst und auch von anderen Menschen trennen; aber wir haben ja schon erörtert, daß Gott uns wieder mit Liebe und Vergebung aufnimmt, sobald wir uns an ihn wenden und ihm offen nennen, was die Verbindung zwischen ihm und uns blockiert. Wenn wir in Frieden mit uns selbst leben wollen, dann müssen wir die heilende Wirkung von Versöhnung erleben – Versöhnung mit Gott, mit uns selbst und mit anderen. Das gilt natürlich ein ganzes Leben lang, aber es stellte einen großen und wichtigen Teil im Puzzle meiner Trauer dar. Und anscheinend geht es vielen Menschen ganz ähnlich. „Hätte ich nur..." ist eine ganz normale, vielleicht unvermeidbare Empfindung nach einem Verlust. „Hätte ich nur mehr getan", „Hätte ich nur früher gemerkt...", „Wäre ich nur geduldiger gewesen", „Wäre ich nur da gewesen, als ich gebraucht wurde" – eine endlose Reihe von Fragen, Zweifeln und Reue ergießt sich in die Stille unseres Denkens oder wird vielleicht sogar einem Menschen gegenüber geäußert, zu dem wir Vertrauen haben. Egal wie ungerechtfertigt oder scheinbar sinnlos diese „Hätte ich nur" sind, sie müssen zum Ausdruck gebracht werden, besonders in den ersten Tagen, wenn sie am stärksten sind.

Ein paar Tage nach Madeleines Beerdigung ging ich im New Forest spazieren und wurde ganz plötzlich von einer Woge von Reue und Bedauern überrollt. Ein Teil der Qual, die ich dabei empfand, hatte sicher ihre Ursache darin, daß es jetzt zu spät war, über alles zu sprechen, mich zu entschuldigen und um Vergebung zu bitten. Es war äußerst schmerzlich, und deshalb ist man in solch einer Situation wohl auch eher geneigt, die unerledigten Angelegenheiten zwischen sich und anderen auf ein absolutes Minimum zu reduzieren. Aber gerade dort, auf einer einsamen Lichtung im Wald, traten mir all die Stellen vor Augen, an denen ich Mads gegenüber im Sommer vor ihrem Tod versagt hatte. Durch meine Ungeduld, meine Selbstsucht und meine Unfähigkeit, mit der Situation umzugehen, hatte ich es ihr unnötig schwer gemacht. Ich hatte das Gefühl, vor Gericht zu stehen und sah den Zeigefinger des Anklägers auf mich gerichtet. Diese Empfindungen waren umso überraschender, als wir eigentlich bei Mads' Tod miteinander versöhnt gewesen waren. Wir hatten über jene schwierigen Monate gesprochen und uns gegenseitig um Vergebung gebeten. Unsere letzten Worte waren gewesen: „Danke für alles" und „es tut mir so leid", und dennoch lag die Last meines eigenen Versagens an jenem Morgen schwer auf mir. Mit jedem Schritt, den ich tat, wurde sie unerträglicher, bis ich schließlich das Gefühl hatte, gleich explodieren zu müssen.

Theologische Genauigkeit spielte in diesem Moment keine Rolle mehr, und es war mir auch egal, ob jemand mich hören konnte, als ich verzweifelt schrie: „Es tut mir so leid!"

Ich empfand augenblicklich Erleichterung und Heilung. Obwohl es auch danach noch Situationen gab, in denen ich Bedauern empfand, geschah es nie mehr mit solcher Gewalt.

Die Bibel verbietet uns zu versuchen, mit den Toten Verbindung aufzunehmen,[1] aber ich kann jetzt die Versuchung verstehen, es unter dem Druck des Verlustes zu probieren. Ich bin dankbar, daß Gott uns den Spiritismus verboten hat; die Bibel ist in bezug auf böse Mächte viel realistischer als wir, und Gott hat uns in seiner Weisheit und Liebe zu unserer eigenen Sicherheit und zu unserem Besten davor gewarnt. Praktisch heißt das: Wenn Bedauern und Reue an die Oberfläche kommen, dann sollten wir uns an Paulus'

Rat halten, das Gute zu bedenken [2] – die schönen Erinnerungen an glückliche Zeiten, die wir zusammen erlebt haben und an die Momente der Vergebung und Versöhnung.

Gleichzeitig müssen wir einfach zur Kenntnis nehmen, daß wir nun einmal menschlich sind, daß wir versagen und Menschen im Stich lassen.

Wir sind nicht fähig, alle Bedürfnisse eines anderen Menschen zu erfüllen oder ihm den Schmerz im Leben zu ersparen, was immer das auch für den einzelnen beinhalten mag. Wichtig ist nicht in erster Linie, daß wir versagen, sondern wie wir mit unserem Versagen umgehen.

Der Teufel wird treffend als der „Verkläger" [3] bezeichnet, und er läßt nichts unversucht, uns in unserer Selbstverurteilung einzusperren und uns mit Gedanken an unser Versagen zu verfolgen, um damit zu verhindern, daß wir den Frieden der Vergebung erfahren. Wenn wir meinen, versagt zu haben und besonders, wenn wir jemanden nicht mehr dafür um Vergebung bitten können, weil er tot ist, dann hat Gott selbst uns den richtigen Weg gezeigt: „Wenn wir aber unsere Sünden bekennen, so ist er treu und gerecht, daß er uns die Sünden vergibt und reinigt uns von aller Ungerechtigkeit." [4] Folgende Worte der Beichte verdeutlichen das:

Allmächtiger Gott, himmlischer Vater,
wir haben gegen dich und unseren Nächsten gesündigt,
in Gedanken, Worten und Werken,
durch Nachlässigkeit, durch Schwäche,
durch unsere eigene Absicht.
Es tut uns wirklich leid,
und wir bereuen alle unsere Sünden.
Um deines Sohnes Jesu Christi willen, der für uns gestorben ist,
vergib uns all das, was vergangen ist
und hilf, daß wir dir mit unserem erneuerten Leben
neu dienen können... [5]

Den Mittelpunkt der Frohen Botschaft, die in den ersten Gemeinden voller Freude verkündet wurde, bildet die Erlösung von der Verdammnis. [6] Das Problem ist nur, daß Gott uns zwar vergibt – und wir hoffen, daß unsere Mitmenschen es auch tun – aber gleichzeitig verhindern wir wirkliche Vergebung, weil wir uns so oft selbst nicht vergeben können. Und sehr oft ist diese Heilung untrennbar verbunden mit unserer Unfähigkeit, anderen zu vergeben.

Gott ist geduldig, und er wartet, bis sich der Sturm unseres emotionalen Aufruhrs nach einem schweren Verlust gelegt hat; aber im richtigen Moment wird er sein „Friede sei mit dir" sagen – in dem Augenblick, wo wir endlich fähig sind, seine sanfte Zurechtweisung zu hören, entweder direkt von ihm oder durch Menschen, die uns während der Trauer unterstützten – in dem Moment, wo er weiß, daß wir jetzt bereit sind, sein Gebot zu erfüllen, denen, die uns verletzt haben, zu vergeben. Wenn wir das aber wirklich gehört und wahrgenommen haben, dann müssen wir auch handeln, und das ist manchmal unglaublich schwer. Vielleicht scheint es merkwürdig, aber ich war durch den Prozeß der Trauer gezwungen, mein ganzes Verständnis von christlicher Vergebung neu zu überdenken. Die Zeit nach Mads' Tod verging, und es wurde deutlich, daß es bei mir innere Schwierigkeiten gab, die Jahre zurücklagen und viel tiefer gingen, als die Folgen von Madeleines Tod. Langsam, mit Hilfe behutsamer aber konsequenter Anleitung wurde mir klar, daß die Krise des Verlustes andere, viel tiefere Verletzungen an die Oberfläche brachten, die Heilung nötig hatten. Das aber setzte meine Bereitschaft zur Vergebung an allen Beteiligten voraus. Ich gelangte an einen Punkt, wo ich dies schließlich erkannte, aber ich schien mich gleichzeitig auch in einer Sackgasse zu befinden, aus der ich nicht hinauskonnte. So war ich also in einem Zustand innerer Entfremdung völlig gefangen.

Vor Jahren hatte ich einmal im Unterricht eine Auseinandersetzung mit einem Lehrer, der behauptete, Gott könne uns nur dann vergeben, wenn wir auch anderen vergäben. Ich war damals eine junge Christin, eine begeisterte, bekehrte Vierzehnjährige, die meinte, genau zu wissen: Vergebung ist immer völlig bedingungslos. Jetzt, 24 Jahre danach, mußte ich alles ganz neu überdenken. Ich fand heraus, daß das Vaterunser die Vergebung meiner Sünden durch Gott ganz eng verknüpft mit meiner Vergebung anderen gegenüber: „Vergib uns unsere Schuld, wie auch wir vergeben unseren Schuldigern." Und falls es danach immer noch Zweifel an diesem Zusammenhang gab, hatte Jesus selbst dem eine unmißverständliche Erklärung hinzugefügt: „Denn wenn ihr den Menschen ihre Verfehlungen vergebt, so wird euch euer himmlischer Vater auch vergeben." [7]

Dieselbe Wahrheit soll auch im Gleichnis vom „Schalksknecht"[8] veranschaulicht werden, und am Ende von Epheser 4 wird uns aufgetragen, anderen zu vergeben, wie Christus uns vergeben hat. Für die meisten von uns hieße das, daß uns nur ein sehr geringes Maß an Vergebung zustünde.

Gott wollte mich mit Hilfe meiner Trauer lehren, was wahre Vergebung eigentlich bedeutet: es ist eine Vergebung, die zusammengefaßt ist in dem, was Jesus sagte, als ihm seine Henker Nägel durch Hände und Füße trieben: „Vater, vergib ihnen, denn sie wissen nicht, was sie tun." Heißt Vergebung vielleicht, zu jemandem hinzugehen, der uns Unrecht getan hat und zu sagen: „Du hast mir weh getan" oder „Du hast mich im Stich gelassen, aber wenn du das einsiehst und sagst, daß es dir leid tut, dann bin ich bereit, dir zu vergeben"? Nein! Christliche Vergebung stellt viel höhere Anforderungen: „Wenn du in der Kirche bist und mitten im Gottesdienst fällt dir plötzlich ein, daß ein Bruder einen Grund zur Klage gegen dich hat, dann verlaß den Gottesdienst sofort und bring die Sache in Ordnung. Warte gar nicht erst bis zum Ende des Gottesdienstes. Suche den betreffenden Bruder auf und bitte ihn um Vergebung." [9] Das heißt also, „sobald wir uns einer gestörten Beziehung bewußt werden, müssen wir Initiative ergreifen, um sie in Ordnung zu bringen." [10]

Wahre Vergebung heißt, Menschen von gerechten und ungerechtfertigten Klagen gegen uns zu entlasten, von den wirklichen und eingebildeten Verletzungen, und zwar ohne Bedingungen zu stellen. Es heißt, sich zu entschuldigen und nicht zu erwarten, daß der andere es tut bzw. sich zu empören, wenn er es nicht tut. Es kann auch heißen, sich zu entschuldigen, bevor wir überhaupt so etwas wie Bedauern empfinden.

Jemand hat mir ein paar Monate vor Mads' Tod geschrieben: „Ich wünsche Dir, daß Gott Dir die Fähigkeit gibt, denen zu vergeben, die Dich verletzt haben." Die Fähigkeit, *wirklich* zu vergeben, ist ein *Geschenk* Gottes; alles, was er von uns verlangt, ist die Bereitschaft dazu, und das erscheint uns manchmal wie der schwerste Schritt überhaupt.

Wie können zum Beispiel Eltern einem Menschen vergeben, der ihr Kind getötet hat? Wie kann ein Kind seinen Eltern vergeben, die aus Selbstsucht nicht bereit waren, seine Bedürfnisse zu beachten und es dadurch zum seelischen Krüppel machten? Wie kann ein Querschnittgelähmter dem betrunkenen Autofahrer vergeben, der die Kontrolle über sein Fahrzeug verlor und ihn fürs ganze Leben verkrüppelte? Ich glaube, eine Antwort auf diese Fragen können wir nur im göttlichen Geschenk der Vergebung finden, und dieses Geschenk erhalten wir, wenn wir darum bitten.

All das wird auf bewegende Art und Weise verdeutlicht in der Geschichte einer kleinen Gruppe von Menschen, die in Südafrika ein Massaker überlebten:

„Wir beteten, damit all die Bitterkeit von uns genommen werden konnte und wir ein neues Leben ohne Haß beginnen konnten. Wir wußten durch unser eigenes Leid, daß sich das Leben nicht zum Besseren wandeln kann, wenn wir uns nicht alle gegenseitig vergeben. Denn wenn man nicht vergibt, dann begreift man nicht, und wenn man nicht begreift, dann fürchtet man sich, und wenn man sich fürchtet, dann haßt man, und wenn man haßt, dann kann man nicht lieben. Und es gibt auf der ganzen Welt keinen Neuanfang ohne Liebe, besonders in einer Welt, in der Menschen nicht nur nicht wissen, wie man liebt, sondern auch nicht mehr erkennen können, wenn sie geliebt werden. Der erste Schritt zu dieser Liebe muß deshalb immer Vergebung sein." [11]

Nur Gott kann Bitterkeit wegnehmen und an ihre Stelle Mitgefühl und Vergebung setzen, aber es ist an uns zu entscheiden: Entweder lassen wir weiterhin zu, daß Ablehnung unser Leben vergiftet, oder wir beten: „Herr, ich bin bereit zu vergeben", und wenn auch das nicht möglich ist, dann reicht es schon zu sagen: „Herr, ich bin bereit, mich von dir zur Vergebung bereit machen zu lassen." Ich habe die Erfahrung gemacht, daß Gott uns beim Wort nimmt, wenn wir so zu ihm kommen.

Wie oft hatte ich mir Briefe vorgestellt, die ich bestimmten Leuten schreiben wollte: Ich würde mich selbst rechtfertigen und ihnen zeigen, wo sie Fehler gemacht hatten. Ich würde dafür sorgen, daß sie verstünden, wo sie versagt hatten und ihnen zeigen, was sie hätten tun sollen. Aber wenn ich dann soweit war und zu schreiben anfing, dann wurden aus den Briefen meistens wirklich aufrichtige Dankesbriefe. Ich sah mit neuen Augen, was Menschen getan hatten und nicht mehr in erster Linie, was sie versäumt hatten zu tun. Andere Briefe wurden Entschuldigungsbriefe: „Es tut mir leid, ich habe Dir das Leben sehr schwer gemacht und das war falsch." Es war eine merkwürdige Erfahrung, denn jetzt war ich wieder voller Bedauern und Reue. Ich hatte so viele Jahre vergeudet, ganz zu schweigen von der emotionalen Energie, um auf Ablehnung und Bitterkeit zu beharren. Ich hatte anderen Menschen Schmerzen zugefügt, indem ich Barrieren der Angst und Wut errichtet hatte und dadurch echte Liebe und Anteilnahme von mir ferngehalten hatte.

Psalm 51 ist wohl eines der wunderbarsten Kapitel der Bibel zu den Themen Buße, Sündenbekenntnis, Vergebung und Erneuerung. David, der Ehebrecher und Mörder, hatte allen Grund zur Reue; und dennoch bittet er um Gnade, um Reinigung, um Wiederherstellung und um Freude. Wenn wir uns unserer eigenen Sünde bewußt sind, dann können auch wir uns an Gott wenden mit der Bitte um die Fähigkeit der Vergebung. Aber was ist mit den Menschen, die wir verletzt haben und deren Leben durch unsere Schuld unwiderruflich beschädigt worden ist? Wenn wir erst einmal um Vergebung dafür gebeten haben, so müssen wir sie ganz der Obhut Gottes überlassen; Reue kann da gar nichts ausrichten. Nur Gott kann für sie tun, was er auch für uns getan hat:

„Herr, ich lege all die Dinge in deine Hände, von denen ich wünschte, ich hätte sie anders behandelt, denn ich wünsche mir deine Vergebung und deine Heilung. Ich übergebe dir all die Verhaltensweisen, mit denen ich andere verletzt habe und bitte dich, daß du uns alle von unserem jeweiligen Leiden heilst, das immer noch durch mein Handeln oder meine Unterlassungen vorhanden ist." [12]

Vergebung ist ein Teil des Loslassens der Vergangenheit und des Fortschreitens in die Zukunft. Sie ist ein zentraler Bestandteil der Heilung unserer Wunden, die das Leben verursacht hat. Sie ist der einzige Weg, der vorwärts führt. Sie ist der Weg der Befreiung und Entlastung, der Freiheit von Schuld und von Bitterkeit. Das ist wirkliche Auferstehung.

16
Einsamkeit – und der Gott, der da ist

Das hartnäckigste und offensichtlichste Problem nach einem Verlust ist das unerträgliche Loch, das durch die Trennung von dem geliebten Menschen entstanden ist. Das Leben scheint leer und unvollständig, und wenn die ersten Wochen und Monate nach dem Verlust vorbei sind, dann muß etwas unternommen werden, um diese Leere irgendwie zu füllen. „Die einzige Möglichkeit, all die leeren Stunden auszufüllen, besteht darin, rauszugehen und an etwas teilzunehmen", schrieb ich in mein Tagebuch. „Aber das ist im Grunde nichts Wirkliches, sondern nur ein künstliches Überdecken der Leere."

Ich fragte mich, wie ich wohl am besten mit dem Schmerz fertigwerden könnte. Natürlich ist Aktivität eine der Möglichkeiten, damit umzugehen, und es wäre einfach dumm, es strikt abzulehnen, dann und wann der Wirklichkeit des Verlustes einfach zu entfliehen. Aber es ist wichtig, daß wir wissen, *was* wir tun: wenn wir hoffen, daß durch das Überdecken der Leere der Schmerz verschwindet, dann wird er nur noch schwerer zu ertragen sein. Oder wenn wir versuchen, die Leere zu füllen, um uns vor uns selbst zu verstecken, dann verdrängen wir Probleme.

Aber wenn wir versuchen, einen Teil der Leere geplant auszufüllen, so daß wir die Beschäftigung positiv und so schöpferisch wie möglich benutzen und versuchen, Freude daran zu haben, statt sie als Selbstzweck zu betrachten, dann kann sie sehr hilfreich sein.

Trauer beinhaltet stark widersprüchliche Empfindungen: Manchmal hatte ich das Gefühl, daß es Menschen gab, die versuchten, mir Madeleine zu ersetzen, um mir den Schmerz zu erleichtern. Das hatte aber lediglich zur Folge, daß ich versuchte, zu diesen Leuten Distanz zu halten, denn ich wollte keinen Ersatz für Mads. Andererseits hatte ich Sehnsucht nach einem Menschen, mit dem ich so viel Gemeinsamkeit empfinden könnte wie mit ihr. Sobald ich aber nur den leisen Verdacht hatte, das könne geschehen, fühlte ich mich ihr gegenüber unloyal.

Das sind normale Empfindungen und eine wahre Wiedergabe einer realen Situation: Jeder Mensch hat etwas Einzigartiges und Ureigenes, und jede Beziehung ist wieder anders.

Es war ein Schritt nach vorn, als jemand zu mir sagte: „Suche nicht nach einer Freundschaft, die genauso ist." Derjenige, den wir verloren haben, kann niemals und von niemandem ersetzt werden, und das Leben wird nie mehr so sein wie zu seinen Lebzeiten. Und dennoch kann das Leben anders und reicher werden, wenn wir im Laufe des Trauerprozesses wachsen.

Auch hier haben wir wieder die Wahl: Wir können allein und einsam bleiben oder neue Wege im Umgang mit neuen Menschen gehen; wir haben die Wahl, lebendig tot zu sein oder ein neues Leben in Angriff zu nehmen.

Es gibt immer einen richtigen Zeitpunkt, diese Entscheidung zu treffen, und oft brauchen wir jemanden, der uns „die Erlaubnis erteilt", weiterzumachen.

Schrittweise, aber erst nach Monaten, fing ich an zu begreifen, daß ich jeden Menschen negativ betrachtete. Ich versäumte all das, was ich hatte und was vorhanden war, weil ich ständig damit zu tun hatte, mit der Vergangenheit zu vergleichen – und dabei war letztlich immer ich diejenige, die den kürzeren zog. Gleichzeitig wurde mir langsam, wenn auch noch etwas verschwommen, klar, daß ich mich wieder der Möglichkeit aussetzte, verletzt zu werden oder Schmerzen aushalten zu müssen, wenn ich es mir wieder gestattete zu lieben.

Was wäre denn, wenn ich zuließe, daß wieder ein Mensch in meinem Leben wichtig würde, und der- oder diejenige würde wegziehen oder noch schlimmer – sterben?

Es schien so, als würde ich gezwungen, gegen einen Instinkt anzugehen, bevor ich dazu wieder bereit war. Ich wollte mit niemandem mehr die Wohnung teilen, aber andererseits konnte ich mir die Wohnung, in der Mads und ich gelebt hatten, gar nicht leisten. Gott löste dieses Problem auf wunderbare Weise: Die Hälfte der Miete, die ich dem Vermieter überwiesen hatte, wurde zurückgeschickt mit einem Schreiben, das besagte, unter den gegebenen Umständen wolle er nur meinen Mietanteil.

Es ist wirklich erstaunlich, wie viele Dinge sich ganz von selbst erledigen. Wichtig ist, daß wir nicht in Panik geraten und wirklich wichtige Entscheidungen in bezug auf Wohnung, Arbeit, Mitbewohner, neue Beziehungen etc. nicht treffen, bevor nicht mindestens ein halbes Jahr nach dem Verlust vergangen ist. Ein Gedicht,

das Ralph und Bertha Leech mir schickten, umriß eine Grundstra-
tegie für die ungewisse Zukunft nach Mads' Tod:

A day at a time, Lord,
one day at a time –
so help me to live them
just one at a time –
not fearful of sorrow
or trying to borrow
some strength for tomorrow,
but to trust Thee for all,
for whatever befall –
all that may rise on tomorrow's horizon
just leave it completely
and wholly with Thee... [1]

Die Frage, die sich wie ein roter Faden durch alle Zukunftsgedan-
ken zieht, lautet: „Was hätte der geliebte Mensch gewollt?"
Ich war zwar nicht mit der schwierigen Frage einer Wiederheirat
belastet, aber egal welche Frage auftaucht, es besteht immer diese
Spannung zwischen Vergangenheit und Zukunft, die nur beantwortet werden kann, indem man Entscheidungen trifft und die Tatsache des Todes akzeptiert. Die Vergangenheit ist unwiderruflich,
und es ist nicht gut, wenn wir versuchen, sie künstlich wiederher-
zustellen. Wir brauchen aber auch keine Angst zu haben, daß wir
den geliebten Menschen „verlieren", wenn wir weiterleben und
eine neue Perspektive haben. Wenn wir anfangen, kleine Schritte
in die Zukunft zu tun, dann kann es zu einem Gefühl der Treulosig-
keit kommen, aber es hilft weiter, wenn wir uns dann selbst fragen
oder gemeinsam mit einer Vertrauensperson die Fragen stellen:
„Was hätte er oder sie gewollt?" Mit der Zeit verschwindet der
Wunsch, diese Frage zu stellen, besonders dann, wenn es unser
oberstes Anliegen bleibt bzw. wird, zunächst einmal den Willen
Gottes für unser Leben herauszufinden.
Vielleicht ist es eine Hilfe, diese Frage noch einmal etwas anders
zu stellen: „Was würde der geliebte Mensch wollen?" denn Liebe,
wirkliche Liebe, will immer das Beste für den anderen. „Liebe hat
damit zu tun, gemeinsam mit dem geliebten Menschen reifer zu

werden... Sie ist die freie Hingabe an den betreffenden Menschen, die ihn aufs äußerste unterstützt und gleichzeitig ihn ganz er selbst sein läßt." [2] Im Lichte dieser Art von Liebe hatte ich für meinen Teil keinen Zweifel daran, daß Mads für mich wollte, daß ich frei sei, „frei zum Wachstum und zur Veränderung, genauso wie Gott in seiner unvergleichlich größeren Liebe will, daß wir verwandelt werden von einer Herrlichkeit zur anderen."[3]

Wir haben manchmal eine merkwürdige Vorstellung von Liebe. Es ist, als glaubten wir, es sei keine Liebe für andere Menschen mehr übrig, wenn wir einen oder zwei Menschen lieben. Tatsache ist aber, daß Liebe sich vermehrt, je mehr wir lieben – genauso wie die paar Brote und Fische eines kleinen Jungen damals benutzt wurden, um Tausende von Menschen satt zu machen.

Es ist *eine* Sache, das alles mit dem Kopf zu verstehen, aber eine ganz *andere,* auf den Zeitpunkt zu warten, wo die Zukunft wenigstens einen Schimmer von Licht und Hoffnung zeigt. Es kann sein, daß unsere ganz persönliche Zukunft auch beinhaltet, daß wir die Wunde der Einsamkeit verarbeiten müssen, die zur Mitte unserer Existenz geworden ist. Für mich war das der erschreckendste Aspekt des Verlustes, aber ich merkte es erst ein halbes Jahr nach Mads' Tod.

Ich schlenderte von einem Morgenspaziergang am Strand nach Hause. Zu Hause, das war in diesem Fall eine Ferienhütte in Penbrokeshire, die ich zusammen mit einer Freundin gemietet hatte. Es war ein schönes Fleckchen Erde, und wir hatten schon ein paar atemberaubende Wanderungen auf dem Küstenpfad genossen. Auch dieser frühe Morgen kündigte einen wunderschönen Tag an. Es gab verschiedenste Singvogelarten und seltene Wildblumen und Kräuter, die mich beschäftigten... und dennoch: ganz plötzlich begann mein Herz wild zu schlagen, und mir brach kalter Schweiß aus; eine Woge von Angst und Panik überrollte mich. „Was sollte aus mir werden? Wo sollte ich leben? Würde ich mit meinem Geld auskommen?"

All die Fragen, denen ich auszuweichen versucht hatte, ließen sich nicht länger verdrängen. Und hinter all diesen Fragen stand die Realität, die ich aus lauter Angst nicht zu benennen wagte: „Ich bin jetzt allein!"

Die paar restlichen Urlaubstage waren nicht leicht, denn ich hatte mit Ängstlichkeit und Panikzuständen zu kämpfen. Eine Verbindung von Angst und Trauer drohte mich während eines weiteren Spazierganges zu überwältigen, und ich betete und bat Gott, bei mir zu bleiben und mich nicht alleine zu lassen. Und da erinnerte ich mich plötzlich an viele wunderbare Verheißungen der Bibel: „Ich will Finsternis vor ihnen her zu Licht machen." „Ich will vor ihnen hergehen und das Bergland eben machen." „Denn ich weiß wohl, was ich für Gedanken über euch habe...daß ich euch gebe Zukunft und Hoffnung..." „Sorgt nicht um euer Leben...Wenn nun Gott das Gras auf dem Feld so kleidet, das doch heute steht und morgen in den Ofen geworfen wird: sollte er da nicht viel mehr für euch tun, ihr Kleingläubigen?" [4] Aber vor allem kam ich immer wieder zu den Verheißungen in Jeremia 31 zurück, wo Gott sagt, daß er aufgrund seiner treuen, ewigen Liebe alles Zerbrochene heilen und alles Zerstörte aufrichten will und schließlich: „Du sollst dich wieder schmücken, Pauken schlagen und herausgehen zum Tanz." [5]

Es stimmte, daß ich mich schrittchenweise aus der Vergangenheit in Richtung Gegenwart bewegte. Eine neue Zukunft eröffnete sich mir, und ich versuchte sie zu ergreifen, aber ich empfand diese Zukunft immer noch als schrecklich leer und erschreckend anders. Ich hatte immer noch das Gefühl, die Orientierung verloren zu haben und gleichzeitig sei das Licht ausgegangen. Diese Depression – denn darum handelte es sich – hatte mit meiner Suche nach der Wirklichkeit und dem Sinn zu tun. Es war eine Suche mit hohem Anspruch, aber sie war einfach nötig.

Ich hatte schon festgestellt, daß das Streben nach Besitz und materiellem Reichtum (ich muß gestehen, daß ich weder am einen noch am anderen jemals besonders interessiert gewesen bin) angesichts der Realität des Todes bedeutungslos wird. Ähnlich sinnlos schien da auch jede Art von Ehrgeiz.

Ein Kommentar, den ich zur besagten Zeit schrieb, faßt ein paar meiner Gedanken zu dieser Frage zusammen: „Was ist es, das dem Leben letztendlich seinen Sinn gibt? Denken wir da nicht fast immer mehr an Quantität als an Qualität, eher an Äußerlichkeiten als an Inneres, eher an vorzeigbare Leistungen (wieviele Menschen man zu Jesus geführt hat) als an die verborgenen Aspekte unserer Beziehung zu Gott?"

Es mag sinnlos sein, die Phase des Trauerprozesses zu benennen, die am schwersten zu ertragen ist, aber sicher ist diese Depression mit dem Gefühl der Hoffnungslosigkeit, Hilflosigkeit und Verzweiflung, in der Sterben einfacher scheint als Leben, für Beteiligte sehr schwer mitanzusehen. [6] Es gab sogar Zeiten, da gab nicht einmal meine Beziehung zu Gott meinem Leben Sinn – ich hatte ganz einfach das Gefühl, alles verloren zu haben. Das Leben als Ganzes schien mir aufs äußerste tragisch und vergeblich zu sein, und die ganze Welt schien nur aus Schmerzen zu bestehen.

> *Morning light, another day*
> *I waken up to find the world in tears –*
> *arms with nothing left to cling to*
> *eyes, which filled with fear*
> *and who can say they know the way ahead?*
> *I can feel the empty lives*
> *and broken hearts which crumble*
> *in my hand –*
> *oh listen to the voice of Jesus*
> *let him take your hand*
> *can't you see him walking by your side?*
> *Can't you hear him whisper peace*
> *through the city noise*
> *and can't you hear him crying out for peace?*
> *Funny how the hours go by;*
> *I turn to rest within a world of pain*
> *and though I know it hurts to love, Lord,*
> *help me to love again.*
> *It's good to know your life is touching mine.*[7]

Diese einfühlsame Verbindung von Wehmut und Hoffnung, die durch alle Ergriffenheit hindurchscheint, gab mir das Gefühl, daß jemand genau das schon durchgemacht hatte, was ich jetzt erlebte, und deshalb hängte ich das Gedicht an die Küchenwand, wo ich es morgens als erstes sah.

Es gab zwei Situationen, in denen ich mich unfähig fühlte, mit dem Gefühl innerer Verzweiflung und Einsamkeit fertigzuwerden und wo ich wirklich um Haaresbreite am Selbstmord vorbeigekommen bin. Ich bekenne das hier, weil es für jemanden, der nie an einen solchen Punkt gelangt ist, schwer nachzuvollziehen ist, daß es einen Punkt gibt, an dem Selbstmord als der einzig logische Schritt erscheint, selbst dann, wenn man Christ ist. Es ist nicht nur der eigene innere Schmerz, der zu diesem Punkt führt, sondern auch die unerträgliche Last einer Welt dort draußen, „die offenbar keine Träne vergießen muß."

In der Bibel gibt es Menschen, die wußten, was es hieß, an diesen Punkt zu gelangen. Elias bat Gott, ihn doch sterben zu lassen, genau wie Jona und Hiob; Elias tat diese Bitte aus reiner körperlicher und geistlicher Erschöpfung und Jona und Hiob, weil sie nicht mit der Unergründlichkeit der Wege Gottes fertigwerden konnten. [8]

Viele der Psalmen sind aus der Erfahrung der Depression und der Verzweiflung heraus geschrieben worden – sie geben keine Antworten auf Probleme, sondern schreien zu Gott, sein Volk inmitten der dunklen Erfahrungen festzuhalten und bei ihm zu bleiben. [9]

Der Text eines bestimmten Liedes rührte mich auf ganz fremde, unfaßbare Art und Weise:

> *Tell my people I love them,*
> *Tell my people I care.*
> *When they feel far away from me,*
> *Tell my people I am there.* [10]

– Obwohl ich diese Liebe absolut nicht empfinden konnte.

„Einfach dasein" ist für einen Menschen in diesem Zustand das Allerwichtigste. Und indem wir den Trauernden wissen lassen, daß wir wirklich „da sind" und er allmählich, wenn auch nur vage, wahrnimmt, daß jemand bei ihm ist, wird er schließlich merken, daß auch Gott da ist.

Wir haben bereits gesagt, daß ein Trauernder möglicherweise viel länger Unterstützung benötigt als angenommen. Die Erfahrungen, die ich hier beschreibe, habe ich im zweiten und im dritten Jahr nach Mads' Tod gemacht: Eine Zeitlang schien immer alles gut zu gehen und dann geriet ich wieder in ein Tief.

Aus diesem Grund ist es so wichtig, daß innerhalb der Gemeinden etwas für intensive, persönliche Beziehungen getan wird; daß wir über diese „Wie geht's – Mir geht es gut" – Beziehungen hinauskommen und durch wirkliche Gemeinschaft eine Art „Frühwarnsystem" errichten, durch das solches Abgleiten in ein Tief rechtzeitig erkannt wird. Es gibt verschiedene hilfreiche Ansätze, mit solchen Situationen umzugehen, aber Sensibilität jedem einzelnen Menschen und auch den verschiedenen Situationen gegenüber ist entscheidend.

Einmal konfrontierte mich jemand mit einer Herausforderung, die mir neue Energie zum Weitermachen gab. Ein anderes Mal war es am hilfreichsten, daß jemand meine Unfähigkeit teilzunehmen einfach akzeptieren konnte, und wenn die Botschaft „du bist für mich wer" erst einmal durch die Mauer der Unfähigkeit gelangt ist, dann wird der Drang zur Selbstzerstörung geringer. Einmal antwortete mir jemand auf meine Aussage: „Ich kann einfach nicht mehr" mit dem simplen Satz: „Du darfst jetzt *nicht* aufgeben."

Während es bei meiner eigenen Erfahrung von Depression um viel mehr ging als um das Akzeptieren von Madeleines Tod, bestand ein Teil meines inneres Kampfes *in der Tat* darin, mein Alleinleben als *Tatsache,* als eine der Folgen ihres Todes zur Kenntnis zu nehmen. Gleichzeitig war diese Tatsache für mich zu erschreckend, als daß ich sie auf einmal hätte akzeptieren können. Vielmehr spielte es sich in Abschnitten ab, vielleicht ähnlich der Entwicklung, während der ein Mensch langsam mit der Tatsache umzugehen lernt, daß er bald sterben muß oder daß er mit einer körperlichen oder psychischen Behinderung leben muß.

Nur sehr wenige Menschen können geahnt haben, wie verletzbar ich mich fühlte. In den ersten beiden Jahren nach Mads' Tod war ich mit dem Umzug in eine neue Wohnung, mit einer neuen Arbeitsstelle und einem Kursus für Beratung von trauernden Menschen fertiggeworden und hatte außerdem viele neue Freundschaften geschlossen. Ich war hunderte von Kilometern landauf, landab gefahren, um mit Freunden in den verschiedensten Gegenden des Landes zusammenzusein; ja, ich hatte wirklich ein neues, eigenes Leben begonnen. Und dennoch hatte ich unter der Oberfläche immer wieder mit Panik und Ängstlichkeit zu kämpfen. In den Pausen zwischen all meinen Aktivitäten war da diese pene-

trante Stimme, die mir ständig zuflüsterte: „Du bist allein. Wenn
irgendetwas passiert, ist niemand da. Vielleicht wird sogar Gott
dich alleinlassen."
Diese inneren Kämpfe schlugen sich als körperliche Beschwerden
nieder und später in lähmenden Anfällen von Panik. Erst durch
fachkundige Hilfe begann ich langsam zu begreifen, was da vor
sich ging. Ich hatte meine Ängste lange Zeit unterdrückt und verdrängt, aber es ist schlichtweg unmöglich, auf diese Weise mit
ihnen fertig zu werden. Irgendwie bahnen sie sich immer ihren
Weg an die Oberfläche und bestehen darauf, daß wir uns mit
ihnen „anfreunden", indem wir uns mit dem vertraut machen,
was sie uns über unsere Existenz zu sagen haben. Als ich schließlich anfing, mit meinem Alleinsein umzugehen, war meine
instinktive Reaktion das Ausweichen. Ich wollte lieber weiterhin
etwas vortäuschen, aber das ging nicht mehr. Es gab keinen anderen Weg.

Ich möchte vor meiner Schwäche fliehen,
Vor meiner Verwundbarkeit fortlaufen
Und vor meinem Bedürfnis nach Abhängigkeit.
Ich möchte sie von mir schleudern
Und tun, was ich immer getan habe –
Es selber schaffen.
Du hast mich gefangengenommen
Hinter Mauern der Schwäche,
Hinter Gittern der Begrenzung
Und hast mich gezwungen, in dieser Zelle zu bleiben.
Als ich aufhörte zu schreien,
Mit den Fäusten gegen die Türe zu trommeln,
Vor Wut mit den Füßen zu stampfen,
Über meine eigene Machtlosigkeit,
Saß ich ganz still da:
Müde vom Kampf,
Alle Kräfte erschöpft,
Der Wille weiterzumachen –
Erschöpft.
Dann wurde ich mir
Deiner Gegenwart bewußt:

Deine beschützenden Hände hielten mich,
Trösteten mich wie ein kleines Kind,
Schirmten mich ab vor der vollen Wucht
Meines Eigensinns und meiner Angst;
Du gabst mir Sicherheit in deinen Armen.
Du schautest mich an;
Dein Blick voller Trauer und Liebe,
Weil ich dir so lange widerstanden hatte.
Deine Kraft strömte in mich –
Und bedeckte und umfing meine Schwäche.

Sicherlich die härteste, aber auch die wunderbarste Herausforderung, die ein Verlust an uns stellt, ist die Tatsache, daß am Ende Gott der einzige ist, auf den wir uns verlassen können, und daß er die einzig zuverlässige Quelle für Sicherheit ist.

Die Menschen, auf die ich mich verlassen hatte, waren einer nach dem anderen fortgegangen, und der letzte Halt, der dann schließlich auch wegfiel, war „die Gemeinde". Ich hatte zwar das Geschenk der Vergebung erhalten, und ich hatte erkannt, daß auch die Gemeinde in Augenblicken großer Not versagen kann, aber ich mußte nun auch mit den Folgen dieses Versagens fertigwerden.

Indem ich erkannte, daß diese „schreckliche Wunde der Einsamkeit" auch von anderen Menschen empfunden und erlitten wurde, bekam ich schließlich den Mut, mich der Realität zu stellen. [11] Genauso wie Gott mitten in allem Schmerz ist, genauso ist er auch mitten in dieser Wunde der Einsamkeit da, die ja einfach einen Teil des Menschseins ausmacht. Wenn wir diese Wunde akzeptieren können, dann kann sie, genau wie das Leiden, eine positive Quelle des Wachstums und der Hoffnung und der Heilung werden – eine Brücke, an deren Ende wir uns mit anderen verständigen können.

Es gibt ein sehr schönes Bild für die Art und Weise, wie Gott unsere Wahrnehmung von Bedrohung und die Offenbarung seiner Nähe und seines Schutzes ausgleicht. [12] Elisas Diener sah voller Schrecken die syrische Armee, die die Stadt Dotan belagerte. Das war Wirklichkeit, aber hinter den Bergen vor der Stadt gab es noch eine andere, unsichtbare Wirklichkeit: „Da war der Berg voll feuriger Rosse und Wagen um Elisa her."

Es kommt darauf an, an einen Punkt zu gelangen, wo wir die Wirklichkeit betrachten und ehrlich sagen können: „Du und ich Herr, wir sind jetzt auf uns gestellt." Dann entdecken wir vielleicht nicht nur, daß Gott wirklich da ist, sondern auch sein Heer, das wir bis dahin nicht gesehen haben.

Noch einmal: das ist eine Sache unserer Entscheidung und unseres Glaubens. Kann Gott uns wirklich erhalten, wenn uns alles in Trümmern zu Füßen liegt? Ich streckte eine zitternde und auch ein wenig skeptische Hand aus. Es war so etwas wie „willentlicher Glaube", mit dem ich anfing, und ein Mich-Festklammern an den vielen Verheißungen wie z. B.: „Er wird deinen Fuß nicht gleiten lassen, und der dich behütet, schläft und schlummert nicht" [13] und „siehe, ich habe dir geboten, daß du getrost und freudig seist. Laß dir nicht grauen und entsetze dich nicht; denn dein Herr, dein Gott, ist mit dir in allem, was du tun wirst." [14] Und so ein Glaube bewirkt stärkeren Glauben. Langsam aber sicher erleben wir eine wachsende Sicherheit, daß man Gott wirklich vertrauen kann, daß man mit jeder Last zu ihm kommen kann, mit Lasten des Lebens und der Zukunft, und das gilt nicht nur im allgemeinen, sondern für jede kleine Einzelheit. Letztendlich kann die einzige angemessene Grundlage für unser Leben, egal ob wir uns im Trauerprozeß befinden oder nicht, nur in den Worten gefunden werden, die wir bereits in einem der vorangegangenen Kapitel genannt haben: „Zuflucht ist bei dem alten Gott und unter den ewigen Armen." [15]

Wenn wir uns dem Alleinsein mit Gott wirklich aussetzen, dann verschwindet die innere Leere, weil Gott sie mit seiner Gegenwart ausfüllt. Und dennoch erkennen wir gleichzeitig, was es eigentlich bedeutet, zu einer Gemeinschaft zu gehören. Es entsteht eine neue Freiheit zu geben und zu empfangen, die mit einem wachsenden Bewußtsein verbunden ist, daß Gott mit uns zusammen das Schlimmste mitgetragen hat, und daß wir zusammen mit ihm alles überstehen werden, was die Zukunft für uns bereithält.

Das ist zweifellos nur ein Anfang, und vor uns liegt ein lebenslanges Lernen und Umdenken. Es kann durchaus sein, daß es immer wieder Augenblicke äußerster Einsamkeit gibt, in denen wir meinen, daß nur der geliebte Mensch, den wir verloren haben, diese Lücke füllen kann; und vielleicht gibt es auch Zeiten, in denen „der Gott, der da ist", unser Verlangen nach menschlicher Gemeinschaft nicht erfüllt. Aber ich glaube, das geht vorüber während wir die Erfahrung machen, daß der „Gott allen Trostes" die Wunde der Einsamkeit behandelt. Wir werden heil genug, „damit wir auch trösten können die in allerlei Trübsal sind mit dem Trost, mit dem wir selber getröstet werden von Gott." [16]

17
Klagende Freude

Ich ging allein einen grasüberwucherten Weg entlang, als ich plötzlich hinter mir jemanden sagen hörte: „Rate, wer ich bin?" Ich drehte mich um, sah sie an und sagte: „Ich kann mich nicht an deinen Namen erinnern."

Sie sagte: „Ich bin der erste große Kummer, dem du begegnet bist, als du jung warst."

Ihre Augen sahen aus wie glitzernde Tautropfen am Morgen. Ich blieb einen Augenblick stehen und sagte dann: „Hast du die ganze Last deiner Tränen verloren?"

Sie lächelte und sagte nichts. Ich fühlte, daß ihre Tränen genug Zeit gehabt hatten, die Sprache des Lächelns zu lernen. „Du hast einmal gesagt", flüsterte sie, „du würdest deine Trauer für immer als etwas Kostbares betrachten."

Ich errötete und erwiderte: „Ja, aber es sind Jahre vergangen und ich vergesse."

Dann legte ich ihre Hand in meine und sagte: „Aber du hast dich verändert."

„Was einmal Kummer war, ist jetzt Frieden geworden", antwortete sie. [1]

Ungefähr ein Jahr nach Madeleines Tod erhielt ich einen Brief, der mich gleichzeitig irritierte und zu Tränen rührte.

„Es scheint ziemlich merkwürdig, daß das letzte Geschenk, das Mads Dir gab, das Geschenk der Trauer war – vielleicht ist es außergewöhnlich, das als Geschenk zu bezeichnen, aber wie alles auf dieser Welt, kann es als Hilfsmittel zum Wachstum und zur Barmherzigkeit dienen. Und ich habe das Gefühl, daß Mads wußte, Du könntest die Trauer als Geschenk betrachten. Vielleicht hat dieses Wissen Mads das Sterben sogar sehr erleichtert."

Es war mir unmöglich zu glauben, daß Trauer auf irgendeine Weise ein Geschenk sein könnte, alles an ihr schien so negativ, und selbst anderthalb Jahre nach Mads' Tod hatte ich immer noch keine Ahnung und wollte wohl auch nicht erkennen, daß man durch einen Verlust unglaublich viel gewinnen kann. Nein! Wenn Trauer überhaupt mit irgendetwas vergleichbar war, dann wohl mit dem Tragen des Kreuzes; mir schien Trauer einfach zu grausam, als daß man sie als „Geschenk" hätte betrachten können!

Einige Zeit nach diesem Brief las ich ein Buch, in dem ähnliche Gedanken erläutert wurden.[2] In einem Nachwort untersucht der Verfasser die Trauer der Jünger nach dem Tod Jesu und zieht Parallelen zwischen ihrer Trauer und unserer. Dabei unterscheidet er fünf Phasen, von denen die letzte die Freude ist.

„Daß der Trauerprozeß ... in Freude enden kann, das scheint einem Menschen, der einen Verlust erlitten hat, kaum denkbar; man kann es nur so beschreiben und es als Folge erst viel später begreifen." „Da hast du sicher recht", dachte ich. „Ich kann mir nicht vorstellen, je in meinem Leben wieder Freude zu empfinden." Manchmal, wenn ich in einem Zug saß oder eine belebte Straße entlangging, dann schaute ich mir die Menschen an und dachte: „Sie können noch nie einen wirklichen Verlust erlitten haben, sonst könnten sie nicht so normal aussehen." Ein anderes Mal saß ich in einer Kirche, umgeben von älteren Menschen, viele von ihnen offenbar verwitwet, und ich ertappte mich bei dem Gedanken: „Wie haben sie es bloß gelernt, mit diesem Schmerz zu leben?" Ich konnte einfach keine Möglichkeit der Genesung von dieser Erfahrung des Todes erkennen. Ich glaube, wir müssen diese „Freude" unterscheiden von der Fähigkeit, einen Grund für unser Leiden oder für den Tod des geliebten Menschen zu erkennen. Es ist so ähnlich wie die Notwendigkeit, zwischen Akzeptieren und Resignation zu unterscheiden. Möglicherweise sind beide Haltungen Stationen auf dem Weg zur Freude und die Annäherung an eine Sichtweise, in der wir Trauer als Geschenk betrachten können.

Eine verständnisvolle und mitdenkende Freundin fragte mich einmal: „Siehst du eigentlich irgendeinen Sinn in Madeleines Tod?" Ich fragte mich, ob das eine gute Frage war, obwohl es durchaus geschehen mag, daß man triumphierend aus einer Tragödie hervorgeht. Denn so eine Frage scheint Gott als jemanden darzustellen, der seine Kinder aus dem ziemlich sadistischen Motiv heraus Lei-

zufügt, sie gefügig zu machen, und für den es keine andere Möglichkeit zu geben scheint, dieses Ziel zu erreichen.

In Hiob 1-2 sehen wir, daß Gott Leid und Unglück benutzt und zuläßt. Aber Leid ist auch ganz einfach Teil des Lebens, obwohl es in Gottes ursprünglichem Plan nicht vorkam. Und deshalb glaube ich, daß es nicht immer unbedingt nötig ist, nach dem Zweck des Leidens zu suchen. Eine Menge meiner eigenen Schmerzen und Empörung beruhte auf ganz falschen Vorstellungen.

„Viele Menschen leiden, weil sie versucht haben, ihr Leben auf einer völlig falschen Vorstellung aufzubauen. Diese Vorstellung besagt, daß es keine Krankheit und kein Unglück, keine Angst und keine Einsamkeit, weder Verwirrung noch Zweifel geben dürfe. Aber mit diesen Dingen kann man nur dann schöpferisch umgehen, wenn man sie als Verletzungen und Wunden versteht, die einfach ein Bestandteil des Lebens sind." [3] Henri Nouwen fährt folgerichtig fort aufzuzeigen, daß Menschen nicht „mit der Illusion von Unsterblichkeit und Ganzheit leben dürfen", sondern daß sie daran erinnert werden müssen, „daß sie sterblich und zerbrochen sind, daß aber bereits mit dem Erkennen dieses Grundzustandes die Befreiung beginnt."

Wenn wir irgendwie an den Punkt gelangen können, wo wir diese Grundgegebenheit der menschlichen Existenz akzeptieren können – möglichst bevor man eine Tragödie selbst erlebt – dann können wir eine Frage stellen, die ich für wesentlich hilfreicher halte: „Was fange ich mit dieser Erfahrung von Leid, Kummer, Enttäuschung und Trauer an? Bin ich bereit, sie zu einem Instrument des Wachstums und der Barmherzigkeit Gottes werden zu lassen? Und bin ich bereit, mich zu neuem Leben aufrichten zu lassen, wenn der Zeitpunkt dazu gekommen ist?" Es gibt sowohl im Alten als auch im Neuen Testament eine Auferstehungsgeschichte.

Das Volk Israel war in jeder Hinsicht tot und begraben. Nach Jahrhunderten, in denen es Gott verhöhnt hatte und sich geweigert hatte, auf Gottes Botschafter zu hören, die das Volk angefleht hatten, Buße zu tun, da ließ Gott es schließlich zu, daß sein geliebtes Volk die totale Niederlage und das Exil erleiden mußte. Das Leben des Volkes Israel würde nie mehr sein, wie es einmal gewesen war. Der Prophet Ezechiel, selbst ein Mann im Exil, hatte das Bild eines Tales, das übersät war mit den Knochen längst verstorbener Menschen. [4] Gottes Frage: „Meinst du wohl, daß diese Gebeine wieder lebendig werden?" muß ihn entweder zum Lachen oder zum Weinen gebracht haben aufgrund der schlichten Unmöglichkeit, all die Knochen zusammenzufügen, geschweige denn, sie mit Leben zu füllen.

Aber Gottes Schöpfergeist bewirkte in dieser Vision die Auferstehung. So war die Vision ein Wort der Hoffnung für das Leben des Volkes nach seiner Wieder-Gründung im Lande Israel. Unglaublich aber wahr!

Leben aus dem Tod; Freude aus Kummer; ein weiteres Ostern. Der einzige Ursprung dieses Wunders der Verwandlung ist Gott – „Ich werde eure Gräber öffnen... Ich werde euch heimführen... Ich werde meinen Geist in euch legen", das sind Tatsachen, die in Jesaja 40-55 hervorgehoben werden. Es sind wundervolle Kapitel, die eine Fülle von Themen enthalten, die mit Auferstehung zu tun haben: Trost, Vergebung, Erlösung, Erneuerung, Neu-Schöpfung und Freude. [5]

Das sind Worte, die auf diese Phase in der Geschichte des Volkes Israel anwendbar waren, und sie wurden gesprochen, damit das Volk erkennen konnte: Die Zeit des Wartens und des Trauerns ist vorbei. Israel war hilflos, ein völlig belangloser Punkt auf dem weiten Feld des Zusammenspiels der alten politischen Kräfte. Es hatte nicht nur keine Reserven, sondern auch kaum den Willen, eine Anstrengung zu unternehmen, seine Situation zu verändern. Es bestand wenig Hoffnung, aber Gott hatte vor, etwas ganz Neues zu machen – die Auferstehung der „verdorrten Gebeine" sollte Wirklichkeit werden, als er die Bühne des Geschehens betrat. Immer wieder finden wir dieselbe Betonung: *Gott* wird es tun, und nur er allein hatte die Macht, dieses Wunder zu vollbringen.

Wenn wir inmitten des Schmerzes nach einem Verlust oder über die zahllosen „kleinen Tode" wie z. B. Arbeitslosigkeit oder eine Körperbehinderung sind, dann scheint es uns oft unmöglich, daß wir je wieder wahre Freude erleben könnten. Dann können wir nicht glauben, daß der nächste Frühling Hoffnung statt Schmerz und Sehnsucht mit sich bringen kann, oder daß der Anblick und die Geräusche der erwachenden Schöpfung uns begeistern können, anstatt uns das Gefühl zu geben, davon ausgeschlossen zu sein; dann ist es für uns unvorstellbar, daß wir je wieder von ganzem Herzen von der Freude und der Freiheit singen könnten, die unser Glaube bewirkt.

Gottes Verheißung für uns, genau wie für das alte Israel, heißt, daß er uns ein neues Herz und einen neuen Geist geben wird; [6] diese Verheißung gilt, aber er wird sie zu seiner Zeit und auf seine Art erfüllen.

Es geht nicht darum, daß wir uns „zusammenreißen" oder „das Beste aus der schlimmen Situation machen". Wenn wir darauf warten, daß Gott den „verdorrten Knochen" neues Leben gibt, dann werden wir an etwas Anteil haben, das wirklich *von ihm* vollbracht worden ist; das wahrscheinlich tiefere und dauerhaftere Wirkung hat, als unsere stümperhaften „Erste-Hilfe-Bemühungen."

Mit Sicherheit bedeutet es, daß wir ein ausreichendes Maß an Frieden finden werden, und letztendlich kann daraus Freude werden. Wie wir schon hervorgehoben haben, bedeutet „warten" im biblischen Sinne nicht passives Herumsitzen, sondern es ist hoffnungsvolle Erwartung, denn das Ziel des Wartens ist Gott, auf den Verlaß ist. Es beinhaltet aktive Mitarbeit und Offenheit für den Weg, den Gott geht. Es ist diese paradoxe Art von Aktivität, die uns auffordert: „... schaffet, daß ihr selig werdet, mit Furcht und Zittern! Denn Gott ist's der wirkt beides, das Wollen und das Vollbringen, nach seinem Wohlgefallen." [7]

Es muß hervorgehoben werden, daß dies auch bedeutet, dem Schmerz der Vergangenheit zu begegnen und ihn schrittweise loszulassen. Wie wichtig dieses Loslassen ist wird wundervoll vermittelt durch die Worte eines afrikanischen Buschmannes:

„Die Traurigkeit in dir ist nicht mehr namenlos, und sie hat eine Stimme gefunden. Wenn Kummer einen Namen und eine Stimme erhält, dann ist das wie der Blitz, den du als Ankündigung siehst und wie der Donner, der danach sagt, daß bald wieder Regen auf dich fallen wird. Denn (wie der Verfasser bemerkt), erst wenn man die ganze Vergangenheit zur Kenntnis nimmt, wie schmerzvoll und demütigend dieser Prozeß auch immer sein mag, und erst, wenn man sie mit einem ehrlichen, aufrichtigen Geständnis ihres Wesens ehrt, dann hat man die Freiheit einer eigenen Zukunft. [8]

Die Vergangenheit loszulassen und von der Trauer geheilt zu sein, heißt nicht automatisch auch, daß die Lücke gefüllt wird und der Schmerz über die Verwundung durch Verlust nie mehr zurückkehrt, sagt Martin Israel: „Sie kann nie ganz ausgelöscht werden insofern, als ihre Spur immer zurückbleiben wird, selbst im Strahlen zukünftiger Freude. Sie ist ein Teil der eigenen Erfahrung und deshalb tief in die Seele eingekerbt." [9]

H. A. Williams glaubt, ähnlich wie Martin Israel, daß wir nicht über die Trauer hinauswachsen werden zum Glück, sondern daß unser Leiden auf eine neue Ebene übertragen wird, wo es als Erfüllung und Freude erlebt wird. „Es sind immer die Wundmale selbst, die zum Sieg führen." [10] Es ist also klar, daß wir nicht über einfaches Triumphieren sprechen. Für unzählige Menschen ist der Kampf mit der Trauer lang und intensiv. Manchmal schieben wir uns Stückchen für Stückchen vorwärts, manchmal ist ein größerer Sprung erforderlich. Trauerschmerz kann wahrscheinlich eher als Geschenk empfunden werden, wenn das, was wir durchgemacht haben, uns sinnvoller zu werden scheint, oder wenn wir entdecken, daß Gott unsere Zerbrochenheit annimmt und sie gebrauchen kann.

Die Entdeckung, daß Gott immer im Herzen des Schmerzes und des Leidens ist, ist bereits ein kostbares Geschenk, und Gott allein ist es, der uns helfen kann, uns einen Weg durch den Schmerz hindurch zu bahnen, wenn wir ihm diesen Schmerz ausliefern und anvertrauen.

Es muß immer die Bereitschaft vorhanden sein, weiterzumachen, obwohl der Zeitpunkt dafür bei jedem anders ist und sich auch auf ganz verschiedene Art und Weise ankündigt. „Du *wirst* wissen, wann es so weit ist", sagte einmal jemand zu mir. Und obwohl ich damals mit dieser Aussage wenig anfangen konnte, kann ich heute nur sagen, daß man in seinem Innersten ganz einfach weiß, wann man sich entscheiden muß – entweder weiterzumachen, oder an die Vergangenheit gekettet stehenzubleiben.

Ein Meilenstein bei meiner Wiederentdeckung der Freude erschien eines Tages völlig unerwartet auf einer Bahnfahrt. Es war mehr als ein einfaches Akzeptieren; es war tiefe Dankbarkeit, nicht nur für Mads' Freundschaft, sondern für alles, was seit ihrem Tod geschehen war. Und ich ertappte mich dabei zu fragen: „Warum?" aber nicht „Warum mußte das alles mir passieren?"

sondern: „Warum nur, Vater, bist du so geduldig mit mir gewesen? Warum haben sich Menschen so um mich gekümmert? Warum habe ich alle Hilfe bekommen, die ich brauchte, und andere Menschen nicht?"

Es ist kaum verwunderlich, daß wir uns mehrmals mit Hiob befaßt haben, denn er war ja ein Mensch, der viele Verluste erleiden mußte. Auch er machte seine eigene Ostererfahrung: Es war Gott, der das erlösende Wort sprach, und Hiobs Reaktion darauf war eine ganz besondere Art der Reue: „Ich hatte von dir nur vom Hörensagen vernommen; aber nun hat mein Auge dich gesehen. Darum spreche ich mich schuldig und tue Buße in Staub und Asche." [11]

Hiob wußte, daß sein Leiden nicht die Folge von Sünde war, wie seine Freunde beharrlich behaupteten, aber obwohl er nie herausfand, warum er litt – nämlich als Folge eines persönlichen Wortes Gottes an ihn – brachte die Trauer ihm das Geschenk einer neuen Beziehung zu Gott, und in dieser Beziehung des Vertrauens konnte er es wagen, mit unbeantworteten Fragen zu leben.

In dieser neuen Abhängigkeit von seinem Schöpfer war er zutiefst davon überzeugt und sicher, daß Gott auf ganz grundlegende Weise aber auch in jeder Kleinigkeit für ihn sorgte. Jetzt konnte er in zuversichtlicher Hoffnung mit diesem Geheimnis und der Mehrdeutigkeit leben. Diese „besondere Art der Reue", die für Hiob zum Markstein wurde, wurde auch für mich zu einem weiteren Einschnitt in meiner Entwicklung. Ich sah die vier Jahre, die seit Mads' Tod vergangen waren, plötzlich auf ganz andere Art und Weise und aus einer neuen Perspektive. Ein tiefes Gefühl der Dankbarkeit verband sich auf merkwürdige Weise mit Reue: Ich empfand Scham und Bedauern für die Augenblicke, in denen ich nicht bereit gewesen war zu vergeben und an Zorn, Bitterkeit festgehalten hatte; und für all die Gelegenheiten, in denen ich an Gott gezweifelt hatte und daran, daß er mein Leben in der Hand hatte. Es war ein Augenblick, der mich tief anrührte und aus dem eine stille Freude entstand. Es war der Augenblick, in dem Gottes Verheißung: „Denn ich will ihr Trauern in Freude verwandeln und sie trösten und sie erfreuen nach ihrer Betrübnis" [12] mehr denn je für mich erfüllt wurde.

Hoffnung ist geboren; Vertrauen geschenkt.
Liebe bahnt sich ihren Weg zu mir;
Lichtstrahlen berühren mich –
Sogar im Dunkeln.
Neues Leben beginnt.
Ich strecke mich nach ihm aus, umfange es
Und bin selbst von ihm umfangen.
Nur der Tod bot Zugang
Zu dieser Auferstehung.
Ich werde weiter drängen
Hin zu dem Ort der Ganzheit,
Zu dem Ort, den mein Vater
Schon immer für mich bereithielt.

Denn dies kann nicht das Ende der Geschichte sein. Wir müssen weiterdrängen. Auferstehung und Freude sind Wunder Gottes, aber diese Wunder sind nur der Anfang eines neuen Lebens. Bevor das Volk Israel aus der Verbannung in das eigene Land zurückkehrte, hatte Gott versprochen: „Wohlan, ich will dich wiederum bauen, daß du gebaut sein sollst."[13]
Aber als sie dann zurückkamen, da präsentierte er ihnen keine fertigen Gebäude! Es lagen Jahre harter Arbeit vor ihnen, Rückschläge und Widerstände mußten überwunden werden. Die Moral war nicht selten auf dem Nullpunkt, und oft waren Ermutigung oder sogar schwere Tadel nötig. In der Trauer und auch jenseits davon ruft Gott uns unablässig in eine noch engere Beziehung zu sich und in eine noch innigere Hingabe in bezug auf geistliches und emotionales Wachstum. Er fordert uns auf, noch deutlicher zu erkennen, welche einzigartigen Möglichkeiten zur wachsenden Freiheit wir als Kinder Gottes haben. Wir sollen vorwärts gehen, damit wir alles in Empfang nehmen können, was er uns durch Erfahrungen – auch so schmerzliche wie den Verlust eines Menschen – geben will. Wir sollen vorwärts gehen in ein tieferes Bewußtsein dessen, daß „wir haben...diesen Schatz in irdenen Gefäßen, damit die überschwengliche Kraft von Gott sei und nicht von uns."[14]
Diese Paradoxa von Tod-Auferstehung, Verlust-Gewinn, Verzweiflung-Wiederherstellung können unseren Schmerz und unser Lei-

den verwandeln. Auf geheimnisvolle Weise entdecken wir, wenn wir unsere Hilflosigkeit und Schwäche in der Trauer als Wirklichkeit erkennen, daß die Dunkelheit vom Licht durchbrochen wird. Wenn Sie mit dem Schmerz eines Verlustes zu kämpfen haben, dann geben Sie nicht auf; Gott ist da, auch in der Dunkelheit, und irgendwo jenseits des Tals der Todesschatten ist Licht. Auf Karfreitag folgt Ostern. Warten Sie in Hoffnung.

Wenn Sie Begleiter sind, wenn Sie versuchen zu helfen und zu trösten, dann bleiben Sie bei dem Trauernden, dem Verletzten, dem Zerschlagenen, dem Zerbrochenen. Warten Sie gemeinsam mit diesem Menschen in der Gewißheit, daß Sie selbst und der andere von Gott gehalten sind und daß er, der Gott der Hoffnung, Hoffnung für die Zukunft bietet.

Anmerkungen

Kapitel 1
1. Das englische Wort „mad" heißt auf deutsch „verrückt".

Kapitel 2
1. C. S. Lewis: The Four Loves (Fontana, 1971). Das Buch ist auch als deutsche Übersetzung erschienen: C. S. Lewis: Was man Liebe nennt (Brunnen Verlag, Gießen).

Kapitel 3
1. Vgl. Zefanja 3,17.
2. Jeremia 29,11.

Kapitel 4
1. Martin Israel: Summons to Life (Hodder & Stoughton, 1977).
2. Klagelieder 3,22.

Kapitel 5
1. Missioner/The Barnabas Fellowship/Heike: Heal the Sick (Hodder & Stoughton).

Kapitel 6
1. Diana Lampen: Facing Death (Quaker Home Service, 1979).
2. Z. B. Hannelore Risch: Gott tröstet (Brockhaus Verlag, Wuppertal).
3. Colin Murray Parkes: Bereavement: Studies of Grief in Adult Life (Penguin, 1975).
4. Edith Schaeffer: L' Abri (Norfolk Press, London 1969).
5. Jesaja 53,3.
6. C. Everett/Elizabeth Koop: Sometimes Mountains Move (Tyndale House Publishers, 1979).

Kapitel 7
1. C. S. Lewis: Was man Liebe nennt (Brunnen Verlag).
2. John White: Eros Defiled (I.V.P., 1978).
3. 1 Petrus 3,8.
4. Martin Israel: Living Alone (S.P.C.K., 1982).
5. Nick Mercer: „Working with Singles", Seminaraufzeichnungen von Frühling – Herbst 1984.
6. Johannes 15, 12-15.

7. Markus 3, 31-35.
8. D. Gillett/A. Long/R. Fowke: A Place in the Family: The Single Person in the Local Church (Grove Books).
9. ebenda.
10. Steve Turner: „After You'd Gone" aus: Up to Date (Hodder & Stoughton, 1983). Von der Übersetzerin übertragen.
11. Epheser 4, 15.

Kapitel 8

1. Derek Kidner: Psalms 1-72 (I.V.P., 1973).
2. Ulrich Schaffer: Into Your Light (I.V.P., 1979).
   Das Buch ist auch als deutsche Übersetzung erschienen:
   Ulrich Schaffer: Überrascht vom Licht (Oncken Verlag, Wuppertal).
3. Catherine Marshall: Meeting God at Every Turn (Hodder & Stoughton, 1983). Das Buch ist auch als deutsche Übersetzung erschienen: Catherine Marshall: Gott weiß den Weg (Brockhaus Verlag, Wuppertal).
4. Unbekannte Quelle.

Kapitel 9

1. Mike Batt: „Bright Eyes".
2. Rabindranath Tagore: „The Fugutive" aus: Collected Poems and Plays (Macmillian, 1936).
3. Michael Perry: The Resurrection of Man (Mowbrays, 1975).
4. William Purcell: A Time to Die (Mowbrays, 1979).
5. Church of England Newspaper 16.4.1981.
6. Bruce Milne: Know The Truth (I.V.P., 1982).

Kapitel 10

1. Anne Townsend: Suffering Without Pretending (Scripture Union).
2. Vgl. z. B. Jesaja 58, 1-9, besonders Verse 6 und 7; Micha 6, 6-8; Matthäus 25, 34-46.
3. Anne Townsend: Suffering Without Pretending (Scripture Union).
4. Jakobus 1, 27.

Kapitel 11

1. Colin Murray Parkes: Bereavement: Studies of Grief in Adult Life (Penguin, 1975).
2. „Come, Lord Jesus With Healing Hands", Text und Melodie in:
   Cry Hosanna (Celebration Services (International) Ltd., 1981).
3. Jennifer Francis/Elisabeth Casson: Living in the Shadow (Scripture Union, 1983).
4. Hiob 2,11.
5. Hiob 16,3 (Übersetzung: Die Gute Nachricht).
6. Cicely Saunders (ed.): Beyond All Pain (S.P.C.K., 1983).
7. Henri Nouwen: Out of Solitude (Ave Maria Press, 1975).
8. Martin Israel: Living Alone (S.P.C.K., 1982).
9. Galater 6,2.
10. 1 Korinther 12, 26.
11. ebenda.

Kapitel 12

1. Anne Townsend: Suffering Without Pretending (Scripture Union).
2. Catherine Marshall: Gott weiß den Weg (Brockhaus Verlag, Wuppertal).
3. Norman Autton: Peace at the Last (S.P.C.K., 1978).
4. Markus 1, 41.
5. Offenbarung 21, 4.
6. Martin Israel: Living Alone (S.P.C.K., 1982).
7. Jakobus 5,16.
8. Hodder & Stoughton.
9. Vgl. dazu Römer 8, 29 und Kolosser 1, 28.
10. Martin Israel: The Pain that Heals (Hodder & Stoughton, 1981).
11. Martin Israel legt seine Gedanken zum Thema Fürbitte in Kapitel 9 seines Buches: Living Alone (S.P.C.K., 1982) dar.
12. 5 Mose 33, 27.

Kapitel 13

1. Aus: The Christian Fellowship of Healing Magazine. Ins Deutsche übertragen von der Übersetzerin.

2. Jean Vanier: Community and Growth (Darton, Longman & Todd, 1979).
3. RoyTrevivan: So You're Lonely (Collins, 1978).
4. Markus 2, 7.
5. Matthäus 9, 36.
6. Jesaja 61, 1.2.
7. 1 Petrus 2, 5.
8. Jesaja 58, 6-9.
9. Galater 6, 2; 1 Thessalonicher 5, 14.
10. Elisabeth Kübler-Ross: "A Philosophy of Living – and Dying", aus: The Listener, 3.5.1984.
11. 1 Johannes 1, 5-10.

Kapitel 14
1. Jeremia 20, 7.
2. Johannes 11, 33.38.
3. Myra Chave-Jones (ed.): Be Angry and Sin Not (Scripture Union, 1983).
   Dr. Richard Winter: The Roots of Sorrow (Marshalls, 1985) enthält ein sehr hilfreiches Kapitel zu diesem Thema.
4. Dazu: David Watson: Fear no Evil (Hodder & Stoughton, 1984).
5. Johannes 16, 31.
6. H. A. Williams: The Wilderness (Constable, 1965).
7. Aus: Alternative Service Book. Von der Übersetzerin aus dem Englischen übertragen.
8. Matthäus 19, 19. Diese Stelle stammt ursprünglich aus dem Alten Testament, u. z. 3 Mose 19, 18.
9. Galater 5, 14.
10. Martin Israel: Summons to Life (Hodder & Stoughton, 1977).
11. Jesaja 43, 4.
12. Jeremia 31, 3.
13. Vgl. z. B. Psalm 145, 8-9 und Matthäus 9, 36.
14. Jesaja 53, 4; 42, 3; Psalm 147,3.
15. Hebräer 4,15.
16. 2 Korinther 1,3.
17. Jesaja 9,6.
18. Johannes 14,26.

19. Aus: Alternative Service Book.
20. Psalmen 13,5; 42,11; 43,5 sind dafür sehr gute Beispiele.
21. Römer 8,38.39.
22. Unbekannte Quelle. Text wurde von der Übersetzerin übertragen.

Kapitel 15

1. 3 Mose 19,31; 5 Mose 18,10; Vgl. auch Jesaja 8,19.
2. Philipper 4,8.
3. Offenbarung 12,10.
4. 1 Johannes 1,9.
5. Aus: Alternative Service Book.
6. Vgl. Römer 8,1 und 2 Korinther 5,19.
7. Matthäus 6,12; 14-1.5
8. Matthäus 18, 23-25.
9. Diese Beschreibung des Sachverhaltes finden wir bei: J. R. W. Stott: Christian Counter Culture (I.V.P., 1978).
10. ebenda.
11. L. van der Post: A Far-Off Place (Penguin, 1976).
12. D. und M. Linn: Healing Life's Hurts (Paulist Press). Das Buch ist auch als deutsche Übersetzung erschienen. D. und M. Linn: Beschädigtes Leben heilen (Styria Verlag).

Kapitel 16

1. Clare Capron.
   Ins Deutsche übertragen lautet der Text:
   Einen Tag zur Zeit, Herr,
   Immer nur einen Tag –
   Hilf mir, die Tage zu leben –
   Immer nur einen zur Zeit
   Nicht verzagt vor Kummer
   Oder indem ich mir Kraft ausborge,
   die eigentlich für morgen gedacht ist,
   Sondern dir in allem vertrauend –
   Egal, was kommen mag,
   Ich will es ganz und gar
   Dir überlassen

2. Martin Israel: Summons to Life (Hodder & Stoughton, 1977).

3. Vgl. 2 Korinther 3,18.

4. Jesaja 42,16; 45,2; Jeremia 29,11; Matthäus 6, 25-30.

5. Jeremia 31, 1-5. Man beachte die dreifache Wiederholung des Wortes „wieder".

6. Hierzu auch: Hannelore Risch: Gott tröstet (Brockhaus Verlag, Wuppertal).

7. "Through the City Noise", Copyright © 1978 Adrian Snell and Phil Thomson, Thank you Music, P. O. Box 75, Eastbourne, BN 23 6 NW. Ins Deutsche übertragen lautet der Text:
   Morgenlicht, wieder ein neuer Tag.
   Ich wache auf und finde die Welt in Tränen aufgelöst vor –
   Arme, denen nichts bleibt, an das sie sich klammern könnten,
   Augen, mit Tränen gefüllt.
   Und wer kann schon von sich behaupten, er kenne den Weg.
   Ich kann all die leeren Leben spüren
   Und die zerbrochenen Herzen, die
   In meiner Hand zerbröckeln.
   Oh, höre auf die Stimme Jesu,
   Laß ihn deine Hand nehmen.
   Siehst du nicht, wie er neben dir hergeht?
   Hörst du nicht, wie er flüstert: „Friede"
   Mitten im Lärm der Stadt.
   Und hörst du nicht, wie er laut nach Frieden schreit?
   Komisch, wie die Stunden vergehen;
   Ich möchte ausruhen in einer Welt der Schmerzen,
   Und obwohl ich weiß, daß es weh tut zu lieben, Herr,
   Hilf mir, wieder zu lieben.
   Es tut so gut zu wissen, daß dein Leben das meine berührt.

8. 1 Könige 19,4; Jona 4,3; Hiob 6, 8-9.

9. Zum Beispiel die Psalmen 38, 42, 43.

10. Text und Musik aus: Cry Hosanna (Celebration Services (International) Ltd., 1981).
    Ins Deutsche übertragen lautet der Text:

Sage meinem Volk, daß ich es liebe,
Sage meinem Volk, daß ich mich um es kümmere.
Wenn mein Volk meint, ich sei weit weg,
Sage meinem Volk, daß ich dennoch da bin.

11. Vgl. Jean Vanier: Community and Growth (Darton, Longman & Todd, 1979).
    Und H. J. M. Nouwen: The Wounded Healer (Doubleday).
12. 2 Könige 6, 15-17.
13. Psalm 121, 3.
14. Josua 1,9.
15. 5 Mose 33, 27.
16. 2 Korinther 1, 3-4.

Kapitel 17

1. R. Tagore: "The Fugitive" aus: Collected Poems and Plays (Macmillan, 1936).
2. Y. Spiegel: The Grief Process (S.C.M., 1978, und Abingdon Press).
3. H.J.M. Nouwen: The Wounded Healer.
4. Ezechiel 37, 1-14.
5. Z. B. Jesaja 40, 1-2; 41, 18; 42, 16; 43, 19; 25; 44, 22; 55, 12.
6. Ezechiel 36, 26.
7. Philipper 2, 12.13.
8. L. van der Post: A Far-Off Place (Penguin, 1976).
9. Martin Israel: Living Alone (S.P.C.K., 1982).
10. H. A. Williams: True Resurrection (Mitchell Beazlely).
11. Hiob 42, 5-6.
12. Jeremia 31, 13.
13. Jeremia 31, 4.
14. 2 Korinther 4,7.